"更好的班主任"丛书

更好的班会课

赵福江 ———————— 主编

上海教育出版社
SHANGHAI EDUCATIONAL
PUBLISHING HOUSE

本书编委会

主　　　编　赵福江

执行副主编　魏　强　赵敏霞

副　主　编　魏　强　杨丙涛　周　芳　赵敏霞　刘京翠

编　　　委　赵福江　魏　强　周　芳　赵敏霞　杨丙涛
　　　　　　陈秀娣　卞　京　曲怀志　刘京翠　李　月
　　　　　　师婧璇　顾　军

前言　/ 001

序篇　一节好班会课能够带来什么　/ 003

上篇　方法篇
METHODS

怎样上好主题教育课　/ 023

四个特征成就一节有效主题班会课　/ 029

让主题班会更有效　/ 037

班会设计"六个一"，助你轻松开班会　/ 042

"师话实说"访谈型班会　/ 053

让心理班会伴随学生成长　/ 057

青春问题，活动解决　/ 063

网络班会：催开学生自省之花　/ 070

小学班会课体验活动设计方法　/ 075

高三"非常规"班会课　/ 079

下篇　实践篇
PRACTICE

解码"生命 = 1" /085

做最好的自己 /094

内诚于心，外信于人 /101

小肩膀，大责任 /111

同伴的讲述更能触动学生的心灵 /117

防范与行动 /125

从小熊那一摔说开去 /133

靡菲斯特的诱惑：防溺水 /137

遇挫 = 失败？ /147

告别拖延 /154

寻找阳光下七彩的我 /162

青春修炼手册 /171

文明发圈，悦己利人 /183

慎思明辨，理性从众 /193

善待…… /200

前 言

新时代对班主任提出了新要求。

这些新要求主要有四个方面，分别是先进的班级观、正确的差异观、清晰的协同观和自觉的学习观。它们都指向同一个目的——让每个学生变得"更好"。这也是"更好的班主任"这套丛书的出版宗旨。

"更好的班主任"丛书包括《更好的班级管理智慧》《更好的班会课》《更好的心理健康课》《更好的学生教育策略》《更好的家校沟通策略》五本，涵盖班主任工作的主要方面，里面全是优秀班主任的实操经验和技术窍门，用丰富多样的典型案例，为新时代班主任提供系统的修炼指南。

第一，示范先进的班级观。教育的根本任务是立德树人。在这套丛书中，我们欣喜地看到许多班主任拥有先进的班级观，他们有的将班级比喻为社会，有的比喻为家庭，有的比喻为一个以任务为核心的团队。在《更好的班级管理智慧》中，我们可以看到优秀班主任们将立德树人这一根本任务落实在班级日常工作中，发挥个性特长，维护集体荣誉，形成了独具特色的带班方略，创建了极有魅力的优秀班级。

第二，认真践行正确的差异观。班主任带班，首要任务是尽快使班级学生形成集体，把集体建设成为一个学生勤奋学习、愉快合作、健康成长的团队。实现这一目标的前提是正确认识和理解学生间天然存在的差异，正确理解学生之间的不同特征等。个体指导须在对个体理解的基础上开展，集体建设也须在理解个体与个体之间关系的基础上开展。在《更好的学生教育策略》中，我们看到了很多班主任践行正确的差异观，实现了因材施教。

第三，保持清晰的协同观。这些优秀的班主任清晰地认识到，家庭环境和社区（社会）环境是学生成长的重要影响因素，有时这些环境的影响力甚至超过学校教育。他们还清晰地认识到，家庭和社区（社会）的影响可以通过一定的方式实现与学校教育的统一。二者的统一就是"协同"。《更好的家校沟通策略》中就有很多家校协同成功育人的精彩故事。

第四，强化自觉的学习观。班主任的自觉学习习惯会对学生产生潜移默化的深刻影响。在班级建设过程中，班主任要有一整套基于自己经验和学习获得的想法、主意、建议和见解，以便引导学生向着正确的方向成长。要带好班，班主任要不断掌握带班技术，不断提升带班能力，不断积累带班智慧。这来自坚持学习的习惯和自觉学习的精神，即来自自觉的学习观。在《更好的班会课》《更好的心理健康课》中，大家能充分感受到"自觉学习"的重要意义。

总之，这套丛书的内容，有些班主任拿来就能用，有些可供班主任参阅思考。新时代班主任，可以从这套丛书中读出到底该秉持怎样的班级观、差异观、协同观和学习观，究竟应该以怎样的方式把学生的想法放在重要位置，并充分发挥学生的想象力和创造力。

全国知名班主任研究专家　耿　申

序 篇

一节好班会课能够带来什么

近年来,班会课一直是班主任研究的热点。大多数相关研究都集中于设计班会课的方法和技术。其实,能不能上好班会课,最关键的不是技术,而是班主任的态度。

如果班主任不愿意上班会课,那么再好的方法、再丰富的资源都不能发挥作用。实际上,班主任不想上班会课绝不是个别现象,许多班主任内心害怕甚至抵触上班会课。

一、班主任为什么怕上班会课

班主任怕上班会课的理由主要有两个。

一是"不会上"。

班主任不会上班会课的情况是存在的。因为他们在师范院校系统学习的是学科知识,并没有专门学习班会课的设计,所以,班会课的设计确实是班主任专业能力的盲区和短板。

如果把上班会课认定为班主任必做的基本工作之一,那么,班主任就必须学习如何设计班会课。在现实中,虽然学校的课程表上每周都安排了班会课,但很多学校并没有硬性规定必须上班会课,班主任可以自行处理，班会课成了唯一"可上可不上"的课。班主任不会上学科教学课不行，而不会上班会课似乎关系不大。因此，对一些班主任来说，班会课便成了"能不上就不上"的课。班主任越不上就越不会设计，越不会设计就越不想上。难得准备一节主题班会课时，他们就显得十分吃力。

有一次，我与一位上主题班会展示课的班主任交流，他说当班主任十几年，从来没有认认真真上过一节主题班会课。这位班主任在班会课上的生疏和紧张也证实了他的说法。像这种做了十几年班主任却不会上班会课的班主任绝不是少数。

二是"太费事"。

班主任平时工作繁杂，负担重。设计班会课要额外花精力，所以他们会觉得烦。

其实，这还不是问题的关键。所谓"太费事"，其实是班主任认为准备班会课花费的精力与上班会课取得的效果不成比例，有这个时间，还不如直接讲道理、做决定。

应该说，在以考试成绩为主要评价依据的大环境中，班主任想做点儿事，是非常不容易的。但改变从来都是从自身开始的。以上这些怕上班会课的理由，从本质上分析，还是因为班主任思维僵化，不愿意学习，不想改变现状。

首先，班会课的设计是可以学习的。

班会课首先是课，上课是教师的主业，没有哪一位班主任是不会上课的。设计班会课用到的技术绝对不会比设计自己的学科教学课多。既然能设计好学科教学课，就一定能设计好主题班会课。所有班主任的起点都是一样的，他们从业之前都没有学过怎样设计班会课，设计班会课的高手也是从零开始的。

所以，只要用心学习，充分利用资源，方法并不难掌握。而且，班主任完全不用担心自己的性格、表达能力、才艺等，这些都不是问题。因为班会课不是班主任一个人的表演，是班主任联合全班学生甚至家长共同完成的。取长补短、各显神通是上好班会课的秘诀。

其次，上班会课是有效果的，而且有很好的效果。主题班会课的四大类型（见图1），覆盖了班级教育的主要内容。只要是面向集体的问题，除了少数特殊的不宜在班会课上讨论外，绝大多数问题都可以在班会课上讨论、解决。

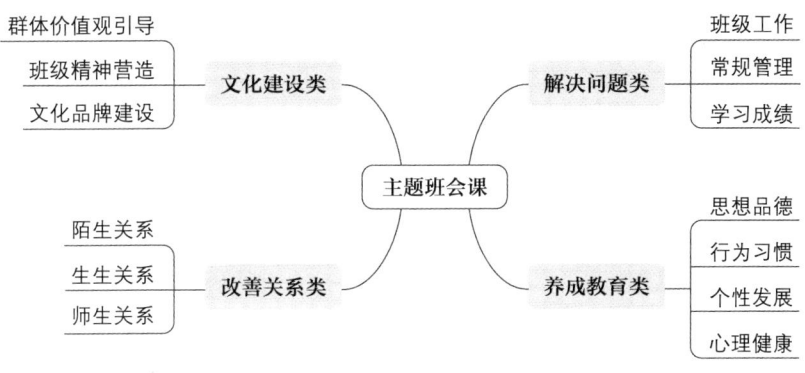

图1 主题班会课的四大类型

班会课有丰富的表现手段和取之不尽、用之不竭的鲜活素材。班主任可以创造各种情境，开展多种活动。不拘一格、灵活多变的上课方法，可以为班主任和学生提供最大的自由发挥空间。

这些优势是传统的说教、灌输无法比拟的。用班会课解决班级问题，可以获得比简单命令、训诫好得多的效果。所以说，班会课既是班主任工作的"常规武器"，更是"先进武器"。

许多班主任之所以不想上班会课，是因为从未体验过班会课的好处。他们在做学生的时候没有见过精彩的班会课。工作以后，依然沿用老旧的方式做教育，如说教、训诫等。班级或学生出现了问题，班主任往往只知道讲道理，如果没有效果就动用职业权威解决问题。他们从来没有想过，也没有尝试过用主题班会课的方式处理问题。采用陈旧的方式简单，或许还很"有效"，既然如此，为什么还要用班会课这种费时费事的方式呢？

如果班主任在设计班会课上花费的精力能够换来合理的回报（如学生的转变、班级的进步），那么他就可能考虑上班会课。如果班主任曾经成功地利用班会课解决过棘手的教育问题，那么他就有可能建立用班会课的方式解决班级问题的意识。如果上班会课取得的教育效果大大超出采用其他工作方式达到的效果，那么班主任就会倾向于多上班会课。如果班主任在班会课上体验到了巨大的教育成就感，那么，不用领导命令，他就一定会主动钻研班会课的上法，不断改进和创新，他的班会课就会越上越精彩，而精彩的班会课又会鼓励他继续投入研究，实现工作的良性循环。

所有这一切，都必须先做了才会有体验。

我不止一次看过这样的例子：班主任本来没有主动上班会课，因为上级的要求，要参加比赛或做公开课展示等，于是精心准备，结果取得了成功，并且在这一过程中发现了上班会课的意义，感受到了上班会课前后班级的变化。虽然准备工作异常辛苦，但班主任成就感十足。这些班主任从此不再惧怕上班会课，甚至爱上了上班会课。

二、如何让班主任喜欢上班会课

如上所述，要想让班主任不再惧怕上班会课甚至喜欢上班会课，仅仅靠培训技术是不行的。班会课具有重要的教育价值，只有班主任自己发现了这个价值，切实感受到了上班会课对学生成长、班级发展以及自身专业成长的作用，并且体会到了上班会课的乐趣，他才有可能转变态度。

具体说来，一节班会课能给班主任、学生、家长带来什么呢？

1. 班会课能够让学生与班主任感受到教育的美好和力量

班会课的主要作用是教育。

好的班会课从来不会直接灌输道理，它总是隐藏教育目的。班主任通过营造情境、叙事共情、活动体验，让学生体会美好的情感，在不知不觉中获得感悟，并将其内化为自身的觉悟和行动。这样的教育方式，会产生持久的作用。在很多学生心目中，教育是自上而下的灌输，他们无法表达自己的真实想法，只能被动地服从大人的安排——教育总是那么刻板，甚至面目狰狞。通过参与班会课，学生发现教育还可以这样做。其实，学生反感的不是教育，而是简单、粗暴的训诫。

有了班会课，学生不再反感教育，因为他们发现教育原来可以这样美好。谁会拒绝美好的东西呢？当然，这也提醒班主任，不要把班会课上成另一种说教课。听过许多班会课后，我发现这是普遍现象，这说明班主任设计和组织班会课的能力有待提升。

有的班主任总说教育很难，学生的思想工作越来越难做。然而，我在上班会课的过程中明确地感觉到，学生不总是叛逆的。他们很可爱，有思想，讲道理。你好好和他们说话，他们也会用通情达理的方式回应你。比如，通过班级议事，师生双方很容易达成共识。只要方法得当，教育学生并不像我们想象的那么吃力。

班主任要想体会教育的美好，不妨改变一下方式，上一节班会课试试！

2. 班会课能够让班主任实施系统的教育

班主任如果是个有心人，就一定不会只抓学习成绩，其他的什么都不顾；就一定会想在班级里开展一些活动，让班级生活变得有趣、丰富多彩，让学生全面发展，充满幸福感。

然而，巨大的学习压力让师生双方都喘不过气来，班主任教育的时空被大大地压缩和挤占，许多教育工作不得不化整为零甚至牺牲休息时间来做。班会课是班主任唯一能抓在手上并且有保障的整块教育时间。要想在班级里做一些事情，让学生过"完整的教育生活"，就必须充分利用班会课。

比如，我每带一届新班，在第一学期一定会开展团队精神的培养教育。因为现在的学生来到学校，想得最多的往往是"学校能为我提供什么，能保证我考上好大学吗"。然而，无论是学生个人还是班级整体，要获得可持续发展，没有合作意识、团队精神是不大可能的。

团队精神（如互相欣赏、互帮互助、同心同德等）的培养并非易事，不可能通过一次教育、一节课就可以完成，所以我用一个学期的时间做这件事。为此，需要设计一个系列主题活动。我们把活动定名为"我能为班级做什么"。这是一个学生很少考虑但班集体建设绕不开的问题，因为团队精神的基础是奉献精神。在系列主题活动中，班会课起到了强化、提升的作用。

【案例】 系列主题活动：我能为班级做什么

教育目标：培养学生的公德意识和责任意识，培养班级的团队精神。

活动时间：高一第一学期。

活动内容：除正常的教育教学工作、学校安排的活动外，班级还要开展与以上教育目标密切相关的活动（见下表）。

"我能为班级做什么"系列主题活动

周次	活动（工作）主题	活动类型
1	下发并回收"班级工作意向"调查问卷	调查活动
1	下发致新生的一封信	教育活动
1	主题班会"班级未来畅想曲"	主题班会
2	启动每周"班级之星"评选	评价活动
3	启动"值日班长"制	管理活动
5	主题班会"公德与私德"	主题班会
7	主题班会"独善其身与兼济天下"	主题班会
11	中期表彰，评选"关心集体特别奉献奖"	评价活动
12	主题班会"奉献者吃亏吗"	主题班会
13	主题征文"我能为班级做什么"并评奖	文化活动
14	征文颁奖暨主题演讲"我能为班级做什么"	文化活动
15	启动导师制学习互助计划	学习活动
18	迎新年系列活动：美化教室、装饰许愿树、联欢等	文体活动
19	班干部自评、述职，评选优秀班干部	评价活动
20	评选优秀科代表、优秀值日班长、优秀组长等	评价活动
21	评选"感动班级十大事件"	评价活动

从表中可以发现，主题班会在整个活动中起到了串联、强化、提升的作用，有些班会课虽然立足于解决班级当时出现的问题，如第5周的"公德与私德"，但也紧扣学期教育主题。第12周的主题班会"奉献者吃亏吗"是在第11周评选"关心集体特别奉献奖"之后进行的。第10周期中考试过后，各班的总结大多围绕考试成绩进行，有关表彰也集中针对成绩优秀者进行。而在我们班，"关心集体特别奉献奖"则是分量最重的一个奖项。这个评选是配合本学期教育总目标开展的，试图用评价引导学生的价值观和行为。

主题班会"奉献者吃亏吗"设计非常简单，只有三个环节。

1. "关心集体特别奉献奖"颁奖仪式。宣布获奖名单，逐一颁奖，宣读颁奖辞，制作并发布获奖者海报，颁发奖品。

2. 获奖者发表获奖感言，分享感悟。发言围绕奉献，结合自己半学期的经历谈谈关于奉献的酸甜苦辣。

3. 班主任点评。要点如下。①奉献是一种幸福，因为我有能力让别人幸福，我就是幸福的。②团队的优秀有我的贡献，我是班级不可或缺的一员，我在奉献中体现了价值。③奉献让我获得了老师的认可和同学的友谊，奉献者在班级里的地位是崇高的。④我奉献，我帮助别人，我有困难时也会获得别人的帮助，我因为团队而变得更强大。

班会课的作业是每个学生写一篇短文《我能为班级做什么》。分享文章成为下一节班会课的主题。经过半个学期真实的班级生活和主题班会课的升华，学生的短文质量较高，金句频现，例如：

制度、规范总会有无法涵盖的角落。如果大家总是"自扫门前雪"的话，那就不叫"做好分内的事"，而叫"事不关己，高高挂起"！我们应当更具责任心，认识到"这是我的班级"。不需要别人反复强调，当有一个人很自然地在不"属于"他的片区内捡起一片废纸时，周围看到的人慢慢也会如此，时间和环境能打磨人心。我能为班级做的不仅是"自扫门前雪"，还包括培养自己的责任心。

我会吃饭，会睡觉，会打游戏，我能给班级做点儿什么呢？也许，不一定能做什么，但一定不能做什么。会吃饭，我有嘴，我要克制自己的嘴，不在上课时与同学私下开小会；会睡觉，我有眼睛，我要管好自己的眼睛，考试时不东张西望；会打游戏，我有双手，我要克制自己的手，不乱涂乱画。权利与义务是一致的。班级给了我各种各样的权利，我也有责任为班级尽义务。班级需要我时，我定会义不容辞；班级有困难时，我定会勇挑重担。

通过以上案例可以发现，主题班会课的教育作用不仅体现在"这节课"上，更与班级前后的教育活动密切关联。如果班级有一条完整的教育链，那么主题班会课就是这条教育链上的一颗颗明珠。主题班会课承前启后，与其他班级工作相辅相成，组成了完整的班级教育生态体系。

北京教育学院迟希新教授提出过"大活动"的理念（以上案例就是一个"大活动"），我提出过"班会+"的概念。所谓"大活动"，就是把一个教育主题分解为若干次教育活动，在一段时间内完成；所谓"班会+"，就是把主题班会与班级（学校）活动、班级管理、班本课程建设、学生个体教育等工作相结合，以取得比单一工作更好的教育效果（见图2）。这些概念都是基于班级教育是一项系统工程而产生的。

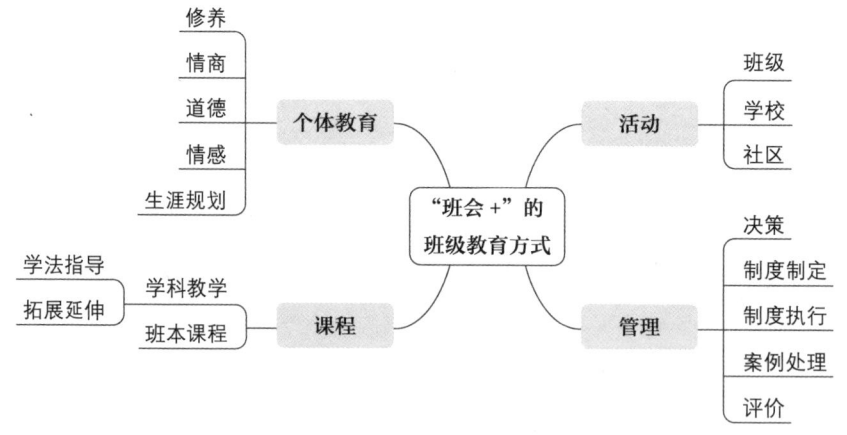

图2 "班会+"教育思路示意图

班级教育是一个系统。按系统论的观点,所有活动都是这个系统的要素。它们是目标一致、互相关联、相互补充的。系统的各个要素通过一定的战略规划有机地组合在一起,以取得整体大于各个部分之和的效果。

3. 班会课能够让师生发现更好的彼此

班会课是教育活动,但是它给师生双方带来的远不止教育本身。

(1)班会课可以为师生双方提供坐下来好好说话、静静思考问题、悄悄改善关系的时空

班会课不仅是班级教育专用时空,更是学生每周期待的美好时光。这几乎是师生双方一个星期里唯一能暂时抛下考试分数,歇歇脚、喘喘气,望望目标、欣赏欣赏风景的奢侈的45分钟。

初中、高中六年时间,班会课一共大约有200节,仅占总课时量的1/40。即使这点儿时间,也经常被挤占、挪用,或用于布置工作,甚至成为班主任"加课"的自留地。

虽然班主任的用心是好的,但还是请把班会课的时间还给学生。班主任平时难得有时间做专题教育,学生也很少有时间静下心思考,哪怕不开展什么教育活动,班会课存在的意义也是很大的。比如,我们班一直坚持举办集体生日会,每月一次的生日会,利用班会课时间举办,最后成为全班学生最喜爱的"班级狂欢节"。这项活动一直持续到高考前。小小一节班会课,大大提升了学生班级生活的幸福指数。不要以为只有多上课、多做题才能让学生的成绩进步,教育工作做到位,班级生活更有吸引力,对提高学生的成绩也有促进作用。

班会课还是改善师生关系的良机。议事型班会课发扬民主,活动型班会课师生同乐,班主任抛下作业和试卷,亲和力会大大增加,师生关系得以改善。而师生关系的改善,对班主任管理班级有极大的帮助。

我班有一个教师访谈系列班会课"师话实说"——把学生身边的教师、学校领导一个一个请进班级,给学生讲故事,和学生聊成长,非常受

学生欢迎。有一次，我们请来了校长。老校长管理严格，平时外表严肃，不苟言笑，学生都很怕他，在校园里看见他都绕道走。校长对我们班学生也不够了解。通过一次访谈，学生发现了校长的真性情和对学生的关心，听到了校长的很多童年趣事，以及校长关于成长的感悟，原来校长如此可亲可敬。从此学生对校长有了全新的认识。校长也非常喜欢我们班的学生，临走时还把手机号码留给学生，说大家有事可以随时联系他。这是我看到的一节班会课带来的很多改变之一。

（2）班会课可以让班主任重新发现学生

有一次班会公开课之后评课时，一位听课教师感慨，课上那样精美的视频剪辑，他做不出来。执教教师说他也不会做，是学生帮他做的，然后说现在的学生非常能干，什么都会，班主任遇到困难时可以向学生求助。我顺势问了一句："通过准备这节班会课，你是否发现了学生的另一面？"那位教师说"是的"。

其实，班会课不仅仅是班主任教育学生、学生接受教育的机会，也是学生锻炼、展示自己，获得认可，产生成就感的机会。一节班会课需要编辑、整合素材，需要以音乐、视频、朗诵、情景剧等方式制造各种情境，需要对话、讨论、演讲、辩论等，这些都需要学生"倾情出演"。平时在班主任眼中乖巧听话、成绩优秀的学生，在班会课上未必能有出彩的表现。而一些平时调皮、有个性、有主见、兴趣广泛的学生，在班会课上则常常大显身手。

一节班会课上，总有令班主任刮目相看、眼前一亮的学生。班会课可以让班主任注意到学生分数之外的才华、思想，重新发现学生。学生的表现，可以悄悄改变班主任对他的评价。

（3）班会课可以让学生看到真实的班主任

出于管理和维护自己威信的需要，班主任（特别是年轻班主任）在学生面前经常会"端架子"，刻意地保持"教师"形象；有些班主任管理非常严格，亲和力不足，令学生感到害怕。

有一次，一位平时非常严肃的班主任在上一节感恩主题的班会课时，说到动情之处，居然热泪盈眶，泣不成声。这个"意外"大大地震撼了学生，不少学生受其感染，也流下了眼泪。学生此前从未看到过班主任如此激动，以为班主任既不会哭也不会笑，似乎毫无情感的样子。

感谢班会课，让学生改变了对班主任"凶神恶煞"的印象，看到班主任也有血有肉，冷峻的外表下也有一颗柔软的心。班主任也是普通人，既有优点，也有缺点；既有强势的一面，也有柔软的时候，甚至有时也需要学生的安慰和帮助。

班主任在班会课上表现出真性情，不仅不会影响自己的威信，反而会让学生更加亲近班主任、信任班主任。这也是班会课的延伸效应之一。

4. 班会课是班主任以专业水平赢得家长信任和支持的重要途径

班会课对家长也有很大影响。很多班会课需要家长配合，甚至邀请家长参加；有些班会课的主题，如感恩、家校共育、改善亲子关系等，则与家长直接相关。家长也会从孩子口中得知班会课的一些情况。

家长是班会课重要的参与者和见证者。根据班会课的主题，班主任会让学生对家长做访谈或问卷调查，搜集家长的故事等，有些班会课还会请家长做嘉宾。在这些活动中，家长不仅可以看到孩子的改变，更可以体会到班主任的良苦用心，对班主任工作有更多了解，对班主任的敬业精神和专业能力产生由衷的敬佩。

前文已述，班会课有让班主任重新发现学生的作用，同样的作用也发生在家长身上。很多家长只关心孩子的成绩，对孩子其他的特长和能力视而不见。通过班会课，家长能够发现自家孩子更多的能力。班会课可以改善亲子关系、家校关系，对班级的发展起到重要的推动作用。

班会课是班主任的专利，如果班主任能经常设计很好的班会课，家长对班主任的教育能力就会刮目相看，就会更加信任班主任，也会更加支持班主任。

5. 班会课可以悄悄改变一个班级的文化氛围和文化品位，影响学生的行为

班会课是一种重要的班级文化现象。一个没有班会课的班级，很难说有什么班级文化。在一个经常上班会课的班级，学生会养成讨论的习惯，遇事时能够保持冷静和理性，不会乱起哄，更加文明有教养，歪风邪气没有立足之处；师生关系融洽，学生的权利能够得到充分的尊重，压力也会得到有效的释放。总之，经常上班会课的班级与不常上班会课的班级相比，其精神面貌有很大的不同。

"班会+管理"的方式，可以让班主任管理班级更加顺畅，也会给管理赋予更多教育意蕴。班主任和学生可以形成用班会课妥善解决问题的意识和习惯。班会课可以让大家坐下来，有话好好说，把问题摆在台面上，通过讨论或投票做决策。学生甚至可以学习用这样的方式解决同伴之间的问题。

6. 上班会课是班主任专业成长的最佳路径

主题班会课的受益者不只是学生和家长，还有班主任，而且班主任是最大的受益者。

（1）上班会课可以促进班主任的专业阅读

班主任的专业成长，有人认为靠阅读，有人认为靠培训，有人认为靠制度。我认为，班主任提升专业能力最快、最好的方法是设计班会课、上班会课。设计一节精彩的班会课，对班主任的专业素养是一大考验。要想设计一节精彩的班会课，必须有扎实的理论功底和较强的实践能力。班主任在备课时需要查找资料、阅读文献、寻找素材、撰写教案，此时的专业阅读是带着问题阅读，是最有效的阅读。

有一次，我要准备上一节关于"关爱他人"的主题班会课，依稀记得迟希新老师的一本书里有过这方面的论述，于是翻出《有效主题班会八

讲：设计理念与实施策略》，果然找到了理论依据。在书中，迟希新老师引用了美国当代著名教育家内尔·诺丁斯（Nel Noddings）的关爱教育理论。"在诺丁斯看来，一个有关爱能力和关爱情怀的人首先要学会关爱身边的人。一个真正懂得关爱、善于关爱的人首先要关爱具体的动植物，才会最终具有关爱的品格。"这段话给了我很大启发，也成为我设计"关爱他人"这节班会课的指导思想。虽然这本书对诺丁斯的关爱理论只做了只言片语的介绍，却引发了我极大的研究兴趣。于是，我立即购买了诺丁斯的《培养有道德的人：从品格教育到关怀理论》仔细阅读，收获颇丰。在阅读这本书时，我发现了一个困扰教育界两千多年的问题——道德教育是否有用？关于"美德是否可教"的争议最早在古希腊柏拉图的作品中就有提及。于是，又翻出了早已束之高阁的《柏拉图对话录》……通过大量的阅读，结合自己的思考，我对许多教育问题有了较为清晰的认识，也不再纠结于"美德是否可教"，而是把注意力转到了"什么是美德"以及"如何教"之上。这就是一节班会课带给我的成长。

为一节班会课进行一次"顺藤摸瓜式"的阅读，温故而知新，班主任的收获会远远超出课程本身。这种阅读目标明确，与班主任的工作密切相关，对班主任专业能力的提升帮助极大。

（2）上班会课可以帮助班主任树立正确的教育观念

一节班会课最重要的是价值取向，即向学生输出什么样的理念和价值观。如果基本价值观不正确，比如，有的班主任在公开课上用"丛林法则"教育学生要努力读书，以后才可以"吃"别人而不会被别人"吃掉"，这类课的技术手段越精妙，危害越大。而这恰恰是许多班会课存在的大问题。

班会课一定要由班主任主导，班主任对一节班会课的影响是决定性的（见图3）。

一节好的班会课，首先在于它向学生传递的是正确的价值观，其次才是精彩的呈现方式。班主任首先要审视自己的教育价值观，不要误导学生。反过来说，多上班会课，要多阅读资料，多思考教育问题，这样也有助于班主任建立正确的教育观念。

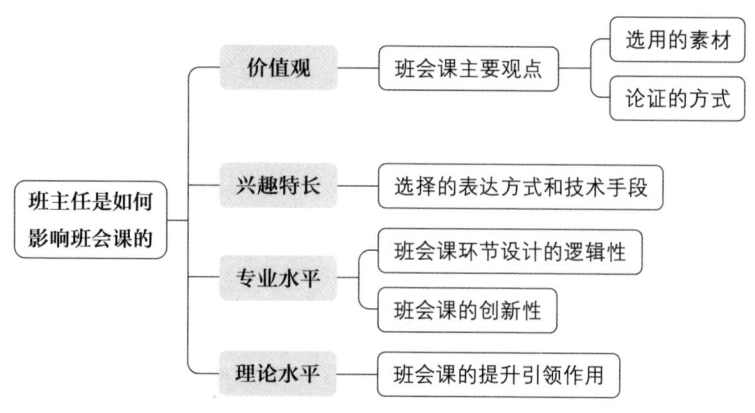

图 3　班主任对班会课的影响

（3）上班会课可以促进班主任专业水平的提升

班会课需要班主任点评、提升。班会课的讨论，即使场面再热闹，也不大可能脱离学生原有的认知水平。要想让学生有实质性提升，关键在于班主任的启发和点拨。我不太赞成整节班会课班主任都不出面，任由学生主持、讨论，这样容易让班会课成为一艘没有航向的船，随波逐流，只留下一片片随意激荡起来的浪花。

而且，班主任要提出高质量的问题引发学生思考，要使自己的点评起到画龙点睛的作用。这没有一定的理论水平是做不到的。所以，上班会课对班主任专业理论水平的提升也有很好的促进作用。班主任只有加强学习，练好内功，才能在设计班会课时底气十足。当然，班主任不可能样样精通，但是在一些教育通识性问题上的确需要表现出专业水准，对于一些非班主任强项的问题，可以请教专业人士，在请教的过程中，班主任会得到提升（见图 4）。

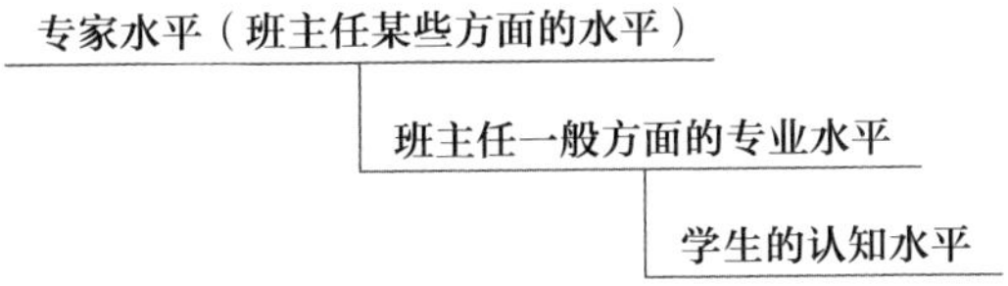

```
专家水平（班主任某些方面的水平）
        班主任一般方面的专业水平
                学生的认知水平
```

图 4　班主任专业水平与学生认知水平的差距

例如，在一节关于规则的高中班会课上，我设计了十几个问题请学生认真思考，其中三个问题如下：

①你做过违规的事吗？你为什么那样做？
②遭遇不合理的规则，你会怎么做？
③有人说，"遵守规则、记住规则，是为了忘掉规则"，你是怎么理解这句话的？

这三个问题是基于劳伦斯·科尔伯格（Lawrence Kohlberg）的道德发展三层次六阶段理论提出的。在班会课上不宜直接对学生宣讲理论性的东西，而应在对一些案例进行分析的基础上，用问题引导学生思考，再适当地总结、提炼。如果班主任不了解基本原理，就根本无法设计这些问题。要提出高质量的问题，或者要让自己的点评成为一节班会课的亮点，班主任就必须加强理论学习，努力提升自己的专业水平。

上一节"科学管理时间"班会课，班主任至少要了解"时间管理四象限法则"；上一节"职业生涯规划"班会课，班主任至少要简单了解多元智能理论和一些基本测量工具；上一节"团队精神"班会课，班主任至少要学会几个团队游戏……班主任并非无所不知，经常需要为准备一节班会课而学习，也经常需要"现学现卖"——这不是坏事，上班会课会不断地帮助班主任填补专业能力的空白。

（4）上班会课可以提升班主任的其他能力

除了提升专业理论水平外，上班会课对班主任其他方面能力的提升也是显而易见的。班会课需要综合运用各种技术手段，需要班主任有较好的演讲能力和表达能力。班会课的现场会出现许多问题，甚至出现意想不到的场面，对班主任的心理素质、应变能力和课堂掌控能力是很大的挑战。为了上好班会课，班主任需要有意识地学习、锻炼。经常上班会课的班主任，综合能力会大为提升。班主任敢上、能上班会公开课，就不会惧怕上其他公开课。

（5）上班会课可以让班主任拥有巨大的成就感

准备一节班会课要花多长时间，要看怎么上班会课。如果班主任技术娴熟，学生对班会课的操作比较熟悉，班级有讨论的氛围和习惯，那么，准备一节议事型班会课不需要太长时间。我把议事型班会课比作班主任"当家过日子"的班会课，它能够帮助班主任及时解决班级问题，无须刻意过多准备，成本比较低。这样的班会课需要经常上。

而一节无论什么类型的公开课或比赛课，都需要班主任精心准备，花费较多的心思。这样的课成本很高，会让班主任有一种精疲力竭的感觉。其实，上这样的课，班主任的收获是最多的。

花费许多心思准备这样一节班会课来展示，值得吗？我的观点是"值得"。不一定每节班会课都要像公开课那样去准备，但是，一个学期精心准备几节像样的班会课，是非常值得的。这些班会课作为班主任的知识储备，会长期有用。一个学期大约有 20 节班会课课时，班主任如果能够精心准备其中的四分之一（每月 1 节），几年后，自己的教育能力必然会出现质的提升。如果把平时随时可以上的班会课比作家常菜，那么这样的班会课就是饕餮盛宴。

一节好的班会课，特别是能获得大奖或受到各方面一致好评的班会课，无论给班主任还是给学生带来的成就感都是巨大的。

现在关于主题班会课的研究如火如荼，各级各类班会课评比非常多，比赛课、公开课、展示课等让喜爱上班会课的班主任有了大量一展身手的机会。主题班会课的设计、说课也是所有班主任基本功大赛必选的项目。主题班会课能够给执教的班主任带来更多的荣誉和发展机会。如前所述，班会课能够悄悄改变一个班级的文化氛围，改变学生的思想和行为，让班主任获得丰硕的收获。

一次成功的班会课之后，家长热烈的点赞和积极的反馈往往会如雪片般飞向班主任的手机，这是对班主任辛勤付出的最大认可和鼓励。所有这些，都会让班主任体验到巨大的成就感。这种成就感又会鼓励班主任继续努力研究班会课，上好班会课。

我坚信，一个坚持上班会课的班主任一定会主动研究班会课，上好班会课，让班会课成为自己班主任生涯中的亮点，成为学生成长过程中一份难忘的记忆。

>>> 陈宇·江苏省南京市第三中学

上篇
方法篇

怎样上好主题教育课

主题教育课是班会课的常见形式之一，是班主任根据工作任务和班级情况自己主持、主讲、主导的专题教育活动。

主题教育课是在传统的谈话基础上发展而来的，可选择的题材更广泛，学习、理想、禁毒、环保、安全、纪律、青春期恋爱、网瘾等皆可入题；可采用的手段更多样，如辅以视频、讨论、对话、情境思辨等。

主题教育课可以分为思想教育、学习指导、生活指导等不同类型。通过主题教育课，可以帮助学生提高认识、开阔视野、陶冶情操、增强素质。

怎样上好主题教育课？实践启发我们要做好以下几点。

一、主题鲜明，材料充实

选择、确立主题教育课主题很重要。

如今，多元的社会、多元的思潮、多元的价值观对学生产生了多方面的影响，再加上中小学生涉世未深，人生观、世界观、价值观还在逐步形成过程中，因此主题教育课的选题要恰当，要具有针对性。同时，班主任要加强学习，用社会主义核心价值观做指导，帮助学生树立正确的人生观、世界观、价值观，培养对祖国、对人民的深厚情感，热爱民族的文化，传承民族优秀的精神传统。

例如，上海市晋元高级中学的王华老师在接手高一新班时，给学生上的第一节班会课就是主题教育课"高中生活应这样起航"。这节课紧扣《国家中长期教育改革和发展规划纲要（2010—2020年）》第二章《战略目标和战略主题》中的重要阐述——"坚持德育为先""坚持能力为重""坚持全面发展",通过具体事例引导学生树立正确的奋斗目标,指导学生在文化学习、班级工作、学校生活中努力增强学习能力、实践能力和创新能力,指导学生夯实基础、发展特长,为学生今后的学习发展指明了方向。这节班会课主题鲜明,立意深刻,紧扣时代的脉搏,受到学生的欢迎,也得到了许多班主任的认同。

主题确定后,要围绕主题多层面、多角度进行材料筛选,力争做到材料充实。充实是指材料是新鲜的、生动的、丰富的、典型的。例如,为加强学生的爱情观教育,上海市甘泉外国语中学的夏洁老师上了一节主题教育课"四季有常,不可逾越"。这节课既有教师对古典诗词爱情篇章的阐发,又有学生对电影、小说中的爱情故事以及身边爱情故事的介绍;既有专家对早恋危害的细致分析,又有教师关于人际交往的中肯建议;既有学生对早恋现象的讨论,又有教师基于自身经历的真诚交流。选材多层面、多角度,既新鲜生动,又有很强的说服力,受到学生的好评。这节课的录像(剪辑)在许多地方分享后,受到一致好评。

此外,班主任一定要认真研究班情,关注学生的思想动态,针对学生关注的热门话题、难点问题,如"如何正确看待选秀节目中的一夜成名""学习一定有高招""自信与成功"等,及时召开有针对性的主题教育课。这样的课具有强烈的时代气息,同时也更有吸引力和感召力。

二、立足教育,形式多样

主题教育课,重在"教育",不仅要主题鲜明,而且要运用形式多样的教育手段,以增强教育的针对性和实效性。

主题教育课常用的手段之一是师生对话。设计的话题要小一点儿、实一点儿,要注意话题的递进性。比如,针对"学会珍惜时间"主题,班主任可设计"你能介绍名人珍惜时间的故事吗""你知道一分钟能做多少事吗""你思考过自己的时间安排是否合理吗"等话题。

主题教育课常用的手段之二是小组讨论。小组讨论的形式多样,可以是同桌讨论,亦可以是四人小组讨论。在四人小组讨论时要明确谁是组长，要指导学生紧扣话题，以提高讨论的实效。

主题教育课常用的手段之三是情境思辨。班主任要巧设情境，用图片、录像等引发学生思考、辨析甚至辩论。对高中生，还可编制辩论题来调动学生参与的积极性。

同一主题班会在不同的年段召开，所采取的形式应有所不同。如禁毒主题教育课，在小学高年级上时，应以知识讲授为主，辅以师生对话；在中学上时，则以情境思辨为主较好。

由于主题教育课以班主任讲授为主，因此一定要制作好课件。课件文字要精练，图片要丰富，同时配以音频、视频材料，以增强讲授的效果。使用视频材料时要有所选择，视频要贴近主题，可以做适当的剪辑，做到画面清楚、声音清晰。

三、做好班主任"三主"，互动交流

在主题教育课上，班主任要担当起"三主"的重任，即做好主持、主讲、主导工作。

所谓主持，是指班主任做主持人。班主任在主持时要眼观六路，耳听八方，对学生细微的反应，比如皱眉、撇嘴、嘀咕、会心一笑，都要加以关注和思考；要穿针引线，承上启下；要调节气氛，将课堂推向高潮；要把握节奏，总结全课。

所谓主讲，是指班主任要扛大梁。班主任要精心设计，广泛选材，合理取舍，科学构架全课。讲述时要由浅入深，由表及里，由现象到实质，旁征博引，娓娓道来，晓之以理，动之以情；要设身处地，贴心贴肺，使学生入情入境，使教育入心入脑。

所谓主导，是指班主任要加强学习，研究班情，直面学生的学习生活，关注学生的困惑，走进学生的心灵，抓住学生存在或思而不解的问题，给予积极的引导。如针对早恋、网瘾、学习缺乏动力、心理障碍等难题，导以方法，晓以道理，真正解决学生的实际问题，使学生有所触动、有所感悟、有所进步，进而内化为行动，收到实效。值得注意的是，主导不等于"我说了你就要听",而是重在引导,以理服人,以语言魅力打动学生,以人格魅力感动学生。

主题教育课一定要体现师生的互动,让学生参与讨论,让学生的思想碰撞、迸发火花、得到升华。例如,采用问卷调查、小组讨论、情境思辨等形式调动学生参与的积极性,使班会课气氛活跃,使学生敞开心扉参与进来,从而避免老师的"一言堂""独角戏"。根据我们的实践经验,一节成功的主题教育课一般至少有四次深入的互动交流,这样才能答疑解惑,逐步深入,将课堂推向高潮。

一节主题教育课主题教育的时间以 20 到 25 分钟为宜,其余时间可作为班级例会。这样,班主任就可以从容地处理班级事务。不过,对外开课,还是以上足一节课时为宜。这是由对外开课的特点决定的,时间长一点儿,也有利于话题的深入讨论。

在实践中,有老师提出:主题教育课与思想品德课有何区别?我认为,二者的主要区别在于思想品德课有完整的教学体系,而主题教育课偏重于专题教育;思想品德课偏重于知识的传授,主题教育课侧重于情感的熏陶;思想品德课以老师讲授为主,主题教育课虽也以老师讲授为主,但形式多样;思想品德课是思想品德课老师上,主题教育课是班主任上。

总之,只要我们选好主题,备好材料,加强针对性,调动学生的积极性,不断研究,常上常新,就能收获一节节成功的主题教育课,就能有力地推进班集体建设。

附:主题教育课选题

初一年级(上)

1. 我为学校添光彩——谈校史、校风

2. 站在新的起跑线上——谈中小学如何衔接

3. 不以规矩,不成方圆——谈遵守纪律

4. 我们是分数的主人——谈正确对待分数

5. 学会自理的第一步——谈学做家务

6. 自觉、合理、有恒——谈怎样上晚自修

初一年级（下）

1. 我今方少年，展翅凌云——谈少年立志
2. 资本与收益——谈养成良好习惯
3. 一寸光阴一寸金——谈珍惜时间
4. 考试，不仅是考学科——谈学会考试
5. 举手投足见精神——谈文明举止
6. 我爱老师，更爱真理——谈新型的师生关系

初二年级（上）

1. 在团旗下成长——谈入团与理想
2. 闪光的路标——谈学习英模人物
3. 兴趣是人们的向导——谈学习与兴趣
4. 天生我材必有用——谈增强自信心
5. 德才运载之舟——谈锻炼身体
6. 扬弃与吸收——谈课外阅读

初二年级（下）

1. "严"字当头——谈严格要求自己
2. 谁言寸草心，报得三春晖——谈与父母沟通
3. 酸涩的青苹果——谈青少年男女学生的友好相处
4. 关键在"自"——谈怎样提高自学能力
5. 失败与成功——谈怎样看待失败
6. 真正的对手是强手——谈竞争

初三年级（上）

1. 水滴与海洋——谈个人与集体
2. 外面世界真精彩——谈怎样看待外部世界

3. 锲而不舍，金石可镂——谈增强意志力

4. 勤出成果——谈勤奋

5. 由商品旺销想起的——谈诚实

6. 书山有路——谈乐学与巧学

初三年级（下）

1. 卓越发展报祖国——谈爱国

2. 虚心使人进步——谈谦虚

3. 让我们携手共进——谈帮助后进同学

4. 山鹰与鸡——谈品德与成才

5. 学海无涯永遨游——谈终身学习

6. 人生是一部书——谈奋斗

以上是我的一些主题教育课选题，供各位老师参考。

>>> 丁如许·上海市晋元高级中学

四个特征成就一节有效主题班会课

一、班会主题定位准确

学生在成长过程中总会出现各种各样的问题,有的还是特定年龄段普遍存在的典型问题。怎样借助主题班会解决问题?一节有效的主题班会课首先要基于学生存在的问题去设计,要有针对性地解决问题。所以,准确的主题定位是一节有效主题班会课的必备条件。那么,如何准确地定位班会主题呢?

1. 运用调查数据反思问题

例如,一节由学生排队问题引发的主题班会课,为了了解学生存在哪些问题,教师课前调查了班级里不排队、插队、占位置、拥挤等情况。这些调查数据,不仅让教师了解了真实情况,而且引发了学生一连串的反思:我和我身边的同学原来在排队方面存在这么多问题,这些问题会带来哪些不良后果?怎么做才能改变现状?

再如,"预防校园欺凌"主题班会课,课前教师调查了校园中学生在行为、语言、肢体上的欺凌与受欺凌情况,在课堂导入时将调查数据呈现给学生,让学生明白身边存在怎样的问题。

又如,"上网懂文明"主题班会课,教师课前调查了"你遇到的网络不文明行为有哪些",从文字、图片、视频三个方面进行数据统计。

这些调查数据不仅可以让教师了解相关情况,对学生成长中的问题有准确定位,而且数据展示比语言更有说服力,可以直接引发学生对问题的思考。

2. 通过分析问题聚焦主题

主题班会的主题来源于问题，通过对调查数据的分析，把问题聚焦为一个小点，也就是对班会的主题进行定位。例如，据调查，小学低年段学生中存在不排队、插队、占位置、拥挤等现象，所以要给他们上一节"排好队，显智慧"的主题班会课；小学低年段学生往往有做作业拖拉、做事拖拉的坏习惯，所以要给他们上一节"战胜拖拉小妙招"的主题班会课；学生中存在破坏公物、不文明用餐、不爱护书本、感恩孝顺老人的观念淡薄等现象，所以要开展"我与公物交朋友""文明用餐我能行""护书爱书大行动""孝心献老人"等主题班会课。对学生身边的典型问题进行分析、提炼，将其聚焦成班会主题。

当然，有的班会主题很大，如"环保"，我们要"大题小做"，把主题化大为小，聚焦为一个个点。例如，从调查学生的校园生活点滴、班级存在的破坏环境的行为、生活环境破坏带来的影响等入手，将"环保"化为"垃圾分类小举动，环境保护大主张"这样的小主题。

二、班会内容、结构层次化

一节完整的主题班会课，设计思路应该是这样的：是什么—为什么—怎么做。也就是先晓之以理，后动之以情，再导之以行。相应的是，问题来源于"应景而生"，根据问题确定主题，让学生明白相关的道理（转变价值观），然后是应该怎么做（具体方法的指导）。所以，班会应层层递进，有步骤、有层次，有体验、有方法。

1. 有步骤、有层次

例如，"我与公物交朋友"主题班会，从认识公物到体验公物缺失带来的不便，从爱物有方到养成爱物的习惯，从形成约定到课外实践，是依据德育的知、情、意、行顺序来设计的。"排好队，显智慧"主题班会，设置了三个环节：图片导入（学生排队不文明现象图片展示）、排队知识大闯关（发现问题，改变自己）、排队礼仪宝典（总结排队的方法）。第二个环节"排队知识大闯关"（因为面向低年段学生，可运用有童趣的形式），又分为四关。第一关（浅显辨别）：看图片辨别、判断排队正确与否。第二关（稍有难度）：观看视频辨析这样排队对不对（替别人占位行不行）。第三关（身体体验）：现场让孩子们组成一列纵队，通过跳《兔子舞》来体验排队要保持一定的距离。第四关（思维体验）：通过表演情景剧认识应该怎么排队。这四关，从简单到复杂，从身体体验到思维体验，体现的就是主题班会内容、结构的层次化。

2. 有体验、有方法

一节有效的主题班会课，无论用什么样的形式和内容，让学生明白道理之后，都要落实为应该怎么做。例如，在"排好队，显智慧"主题班会中，通过图片辨别得出排队方法一——先来后到不插队；通过视频辨析得出方法二——亲自排对不占位；通过游戏体验得出方法三——适当距离产生美；通过情景剧表演与讨论得出方法四——公平排队门口等。在跳《兔子舞》的游戏中，孩子们随着音乐的节拍前后左右跳动，你会发现有的孩子差点儿被撞到，有的鞋子被踩掉了，有的脚被踩疼了……通过这样的身体体验，孩子们会发现排队不应这么拥挤，要保持距离。在情景剧《卫生间排队》表演中，A、B、C三个同学分别排在厕所的三个蹲位前面，A同学来得最早，结果最晚轮到。好多孩子认为这样排队不公平。那么怎么排队才公平呢？可以让孩子们就此展开讨论，并且小组合作排一排。当然，除此之外，还可以请孩子们思考其他排队方法。从班会内容和形式的变化中，可以看出学生的体验也是层层深入的：从简单认知到思想改变，从方法提炼到行为改变。

三、班会素材运用合理

很多主题班会运用的素材距离学生很遥远。我听过一节小学"文明用餐我能行"主题班会课，它用外国电影里罗曼蒂克的高级餐厅里文明用餐的现象和中国餐厅里人声鼎沸、浪费食物的现象做对比。虽然对比性很强，但小学生感受不深刻，还不如选取学校餐厅里的文明用餐现象和不文明用餐现象进行对比，对学生的冲击力会更强，学生的自我反思也会更深刻。一节小学三年级"为父母点赞"主题班会课，选取了这样一个视频：现场化妆，让父母变老。三年级的孩子看到视频里的父母突然变成满脸皱纹的老爷爷老奶奶，不仅没有触动内心的情感和泪点，反而哈哈大笑，觉得很滑稽。不是这个素材不好，而是没有考虑学生年龄段的适切性。

1. 挖掘学生自身与班会主题有关的素材

召开主题班会，目的是让学生明白自己目前存在什么问题，找到原因，解决问题。由学生自身的问题所引发的思考有时会更深刻。深入挖掘和运用来自学生自身的素材有时会很有效。例如，一节高中"感恩"主题班会课的素材运用如下：

步骤一　课前布置学生回家和父母共同制定一份成长账单：从 0 岁到 16 岁，父母为你在哪些项目上花了钱？一共花了多少钱？

步骤二　统计结果：有的学生成长花销居然高达 70 多万，最少的也有 16 万多。全班的数据一公布，大家都吓了一跳。

步骤三　班会上老师让学生反思这份账单背后的东西。很多学生说，看到了父母的白发、汗水、泪水、皱纹……他们深切地感受到父母为自己做了很多。

步骤四　课堂问题设置：假如有一架天平，左边是父母为你做的事，右边是你为父母做的事，天平会往哪边倾斜？很多学生在反思过程中眼眶开始泛红。

步骤五 教师再追问：假如你要让这架天平平衡起来，此刻你觉得要做的最重要的事是什么？很多学生眼眶湿润。

此时无声胜有声，不需要言语的说教，学生已深刻认识到父母对自己的爱，自己做得还不够。有的学生甚至发誓要加倍努力来回报父母的爱；有的学生说从此刻开始，不浪费时间，用行动来证明自己对父母的爱。学生在与父母一起制作成长账单的过程中，已经有了一次体验和反思；课堂上，随着班会的深入，每个学生又进行了一次反思。之后学生行为的改变自然是发自内心的，这就是挖掘学生自身素材的魅力。

再如，一节"合理消费"主题班会课，教师让每个学生课前制作一个月的生活账单，班会上选取A、B两份账单让学生进行比较，A账单显示的是适度消费，B账单显示的是浪费铺张。教师设置的问题是：为什么会存在这么大的区别？如果请你做出一种消费选择，你会选哪一种？每个学生都结合自己的账单来反思自己的消费行为。这份来自学生自身的素材不仅展示了学生的消费现状，而且将两份账单进行对比，使学生的认识发生碰撞，激发了学生对自己消费行为的思考。

2. 从学生存在的问题中寻找素材

有些问题是学生中普遍存在的典型问题。有时候，大家都知道自己的问题，但认识不到其严重性，所以简单的说教不足以让他们下决心做出改变。

例如，"消除教室里的噪声污染"主题班会，怎样让学生认识到自己也是教室里的噪声的制造者？教室里的噪声污染会带来什么危害？课前，在学生不知情的情况下，教师现场实录了教室里的一天。当教师在课堂上展示音频分析软件分析的数据时，学生惊呆了，一天接近7小时的录音，80分贝以上的居然长达2小时19分39秒，最大分贝达110分贝。大于80分贝对人体有潜在的危害，对听力会有损伤。有些学生当场吓了一跳：难道这就是我们生活在其中的环境？我们每天都生活在自己制造的有害环境中？天哪，太恐怖了！从明天开始，控制自己的音量；从明天开始，拒绝制造噪声者入内！拒绝噪声，从我做起！这个来自学生身边的素材，给学生带来的思考太震撼了。

四、班会活动体验显真情

一节主题班会课要晓之以理，动之以情，最重要的是要导之以行，让学生明白问题出在哪里、为什么要改变以及应该怎么做。在导之以行环节，要引导学生从简单的身体体验上升到思维体验，甚至可以设置一些学生身边存在的两难问题，让学生更深入地思考，更彻底地行动。所以，活动体验至关重要。

1. 身体体验明道理

有活动不一定等于有体验。只有能激发学生内在情感的活动，才是有体验的活动。例如，小学低年段"我与公物交朋友"主题班会，教师让学生现场体验"当我们身边没有公物时会怎么样"。学生背起书包，拿出纸笔，站着写"公物"两个字，现场体验了没有桌椅这样的公物会有怎样的感受。随后教师随机采访学生不用桌椅上课、写字的感受。好多学生说公物一刻都不能少，无法想象在没有公物的校园里如何活动。虽然学生平时一直接触公物，但往往意识不到它们的重要性。身体体验使学生真切地感受到了公物存在的重要性。对低年段的孩子而言，身体体验可操作性强，效果也很好。

高年段的学生也可以用适当的游戏进行体验。例如，一节高一"同伴沟通"主题班会课，第一个环节教师用了"我说你画"的游戏活动，目的是让学生体验沟通不是单方面的行为，而是需要双向互动来达成。游戏的第一步不允许提问，让学生根据语言描述把图形画下来，结果学生画的图形五花八门。游戏的第二步允许提问，让学生根据语言描述互动，然后完成图形，结果大多数学生画的图形与原图八九不离十。这个活动让学生体验到沟通不是单向的，双向互动才有效。

根据年龄段的特点选择适合学生的体验活动，学生的体验会更深刻。

2. 思维体验激发真情感

如果说身体体验活动打开了学生心灵的一扇窗，那么思维体验活动则能够真正走进学生的内心世界，因为思维体验活动更能激发学生的情感。思维体验活动可以按照从简单到复杂的顺序设计。

（1）重视学生主体，引发学生的思维体验

例如，在小学"时间管理"主题班会中，教师开展了这样一项活动：让每个学生对放学后要做的事——做作业、看课外书、玩游戏、做运动、弹钢琴进行排序，再通过小组合作的方式让每个学生阐述理由，最后小组形成明确的时间管理方法。从个人排序活动中，可以看出每个学生的课后时间安排是否合理，再通过小组合作活动去帮助那些时间安排有问题的学生，最后小组得出时间管理方法之一——重要的事情要先做。

再如，小学"战胜挫折"主题班会，教师采用以下形式让学生进行体验活动：在微信朋友圈发布一个学生遇到的挫折，假设全班学生都互为好友，每个学生都在这条"挫折"信息下写评论，可以写帮他战胜挫折的办法，也可以写自己类似的遭遇，最后在班会上对所有评论进行归类，整理出"挫折十恶榜"和"抗压琅琊榜"。这个活动不仅形式新颖，而且深入学生实际，可以让学生晒出自己遇到的挫折，并对照他人遭遇的挫折，思考面对挫折时应该采用哪些办法解决问题；也可以让教师非常接地气地了解"挫折"这一主题下学生所存在的问题，以及如何引导学生解决问题。

（2）两难问题辩论，让学生深入思维体验

两难问题的辩论是主题班会中学生体验环节的一个亮点。有的话题争议性较强，不是通过简单讨论就可以达成共识的，而通过两难问题的辩论，往往可以收到"柳暗花明又一村"的效果。例如，"远离校园欺凌"

主题班会，教师设置了这样的辩题：遭遇校园欺凌时应保持沉默还是坚持发声？通过辩论让学生明白保持沉默只能换来一时的风平浪静，坚持发声才能让我们得到他人的帮助，保护自己。再如，高中"善举教育"主题班会，为了让学生明白如何行善举，教师以"老人摔倒要不要扶"为话题，让学生分成两方展开辩论。高中生的认知比较理性，反方认为现在社会上扶老人被讹的事例很多，我们要学会自我保护；正方则认为扶老人是做人的本分，也是一份责任，一种美德，我们不能因为少数人的行为而放弃行善。在激烈的辩论中，学生不断地碰撞思维，不断地擦出思维的火花，不断地达成共识。

衡量一节主题班会课是否有效的标准很多，但基于笔者多次观摩主题班会的经验和思考，如果真的要让主题班会有效，让学生的内心有所感悟、情感有所触动、行为有所改变，就必须在班会的主题定位、内容、结构、素材选择、活动体验方面下足功夫。

>>> 曾容容·浙江省温州市教师教育院

让主题班会更有效

我所在的学校每个学期都会选择一个年级进行主题班会的竞赛,每到这时,学生总是最开心的,他们可以参加比赛、唱歌、朗诵、玩游戏,一些平时在课程学习中略占下风的学生,更是想借这样的机会打翻身仗。不论哪个班级,从班会的规划、设计到实施都呈现出非凡的热闹。

可是,主题班会只要热闹就够了吗?玩游戏、唱歌等有没有给学生留下一些愉悦之外的东西呢?

主题班会是班会的一种类型,对学生的品德发展以及班主任的班级管理都有推进作用。主题班会应该是在班主任的主导下,全体学生共同参与,为解决班级或学生成长过程中存在的教育问题,围绕某个主题实施的班级活动。所以,我认为,主题班会更要有效。

一、有效的"准备"——仔细观察,明确主题

主题班会要有明确的主题。主题的确定,要依据学校的中心工作,更要依据班级的共同奋斗目标和现状。要做到这一点,班主任就必须在平时多下功夫,对班级目标有清晰的定位,对学生的学习情况和行为进行细致的观察,并与科任教师多交流,与家长多接触,全面掌握信息。

某个阶段学生共同关注、热议的话题或事件,学生在学习中偶尔出现的消极态度,青春期学生在成长过程中遇到的心理困惑等,都是班主任应该敏锐发现的教育契机,都可以成为班会的主题。

本学期伊始,我班出现借阅小说的情况。经与家长交流,我发现这不是个别现象。翻阅学生所看的小说,我发现多是以言情为主的都市小说,不适合青春期的孩子看。于是,我决定开设一节"与书邂逅"阅读主题班

会课。班会通过语文老师向学生介绍出版社、近现代著名作家,学生交流自己阅读的作品,学生推荐图书,学生辩论"开卷是否有益"等环节,引发学生阅读的兴趣,引导学生认识选择适合自己、有益于自己的文学作品的重要性,同时也向学生展示一个广阔的文学殿堂,让学生有阅读选择的余地。

主题班会可以分为干预和预防两类。"与书邂逅"阅读主题班会属于干预类,是班主任在日常班级管理中发现问题,及时引导学生处理问题的班会。以社会上或者学校里的热点话题或者某个节日纪念活动作为主题的班会,一般属于预防类。不管开设哪一类班会,班主任都应该注意,班会的主题要集中、鲜明,一次解决的问题不要多,班会的内容、活动形式要丰富多样,紧密围绕主题,为揭示、彰显主题服务。

二、有效的"活动"——重体验,与学科课程相结合

学生正处于长知识、长身体的阶段,他们思想活跃,活泼好动,抽象、空洞的说教会引起他们的反感,因此班会应力求在丰富的活动中"润物细无声"。

班会的活动形式要符合学生的年龄特点,能够寓教于乐,游戏、朗诵、讨论、竞赛、演讲、唱歌等都是主题班会上常见的活动形式。在具体活动中,学生要能够体验、感受,并且多角度、多层次地认识问题。据报道,南京某校为了让学生"感恩母亲",设计了学生反背书包保护鸡蛋的活动,切身的体验让学生真正明白了母亲十月怀胎的辛苦,体会到了母亲对孩子的爱护之情。这样的体验活动就可以引入主题班会中来。

在我班的"塑团结友爱集体"主题班会中,我设计了一个"彩球大逃亡"游戏。全班学生,五人为一组,每组有一个透明塑料瓶,瓶内有五个直径略小于瓶口的彩球,与彩球相系的绳子一头挂在瓶口外。要求每组以最快的速度将五个彩球从瓶中"救"出,用时最少的一组获胜。

道具刚刚发到各组,学生就跃跃欲试,场面可谓热火朝天。通过这个简单的游戏,学生自然就能认识到,要成功、快速地完成游戏,就必须

有条理、有组织，懂谦让、懂团结。游戏结束后，教师只要进行简单的引导，学生就能领悟到构建团结友爱的班集体的重要意义。

主题班会与学科课程相结合，往往能收到事半功倍的效果。在一节"珍惜时间"主题班会课中，我利用了两道数学题："0.99^{365} = ？""1.01^{365} = ？"这个小环节与数学课程相结合，让学生感到很新奇，他们计算之后就会发现，0.99 和 1.01 这两个原本只相差 0.02 的数字，它们的 365 次方竟相差很大，分别是 0.03 和 37.8。这两组数字的差别让学生懂得了珍惜时间的道理。

像这样侧重体验、与学科课程相联系的活动形式，胜过连篇累牍的大道理。形式生动、活泼、多样化，更容易让学生接受。

三、有效的"放手"——做"放风筝"的高手

班主任在主题班会的开展中可以起什么作用？有的班主任将主题班会完全交给学生去计划、设计，然而，学生不一定能深刻认识问题，如果只是简单搬、套、抄一些资料，东拼西凑成一节主题班会课，培养的也只是学生"寻找"的能力而已。这里的"放手"不是完全不闻不问，班主任要深入地认识问题，正所谓"高屋建瓴"，结合班级的实际情况制定具体的目标，指导具体负责主题班会的学生结合班级同学的特点设计活动内容和形式，并且在活动编排时给予适当的指导，给学生提供他们所需的帮助。

例如，我班举行的"唱给心灵的歌——道德主题班会"，"感悟亲情"环节，一名女生主动请缨，想进行一段配有其成长照片的小朗诵，可又担心自己的文笔不好，不能达到好的效果。我立即予以鼓励，称赞她的想法。在她写好用来朗诵的小散文后，我帮她修改润色，还和她一起商量确定配乐。这个小朗诵不但让学生眼前一亮，更使该女生增强了写作和朗诵的信心，学生和老师相互商量、配合也给了我一个了解学生的机会，可谓一举多得。

在开展班会的过程中，我认为班主任不该做"隐形人"，直到班会结束时才在学生的目光中走上台，进行"总结"。学生精彩的报幕串词、优

美的歌唱和朗诵、生动的模仿表演，都应该获得班主任的掌声和赞许的目光；学生出现失误、忘词、走音时，班主任更应该用目光给予支持，用话语给予鼓励。

班主任在主题班会中的角色就像放风筝的高手，那根连接班会目标的"线"应始终握在班主任的手里，牵引着班会的飞翔方向。班主任不时拉一拉、跑一跑，给予激励，可以让它飞得更高。

四、有效的"跟踪"——班会感悟记录本

我班学生每人都有一个班会感悟记录本，是他们自己选购的，并进行适当的修饰，用来记录班级规范或学校活动的通知，但这个小小的本子还有更大的作用——在主题班会结束后学生在上面写一写印象深刻的片段，忆一忆最欣赏的节目，谈一谈参加班会的感受。班主任会及时阅读，以批注的方式与学生交流。

在"唱给心灵的歌——道德主题班会"后的感悟记录中，有一个男生写道：

配有照片的配乐朗诵这个节目让我印象深刻，我家的相册里也有很多照片。每次翻看时，我总是觉得有趣，自己越长越大了，没有发现父母的老（去）。我的妈妈总是很唠叨，但我知道她是对我好的，我不应该总对她发脾气。

这个男生性格偏内向，是老师眼中"听话"的孩子，他的这段话让班主任对他在家里的情况有了一些了解。我批注道：

没有不爱孩子的父母，可知一个个镜头后面是你父母饱含关爱、喜悦和期盼的眼神？父母的教育方式各不一样，唠叨也是一种爱，你要理解。不管怎样，对父母发脾气是不对的，老师愿意帮助你和你的父母一起找到一种你更能接受的交流方法。

不久之后，在一次家校交流中，我与他的妈妈有针对性地进行交流，得知他在家里脾气很暴躁，听不得说他一点点不好，经常摔门、扔东西，反过来训斥父母。讲着讲着，他妈妈的眼眶就红了。我让他拿来班会感悟记录本，将他写的话读给妈妈听。我肯定了他的知错能改，希望他能从少发脾气开始，慢慢做到不发脾气，学会与父母正确地交流。现在，这个男孩和他的母亲采取书信的形式交流，效果不错。

在主题班会中，针对有些问题，学生的认识有时并不完全一致，有积极的，也有消极的，班会感悟记录本可以帮助班主任全面了解学生的想法，有针对性地进行引导和评价。一个学期结束时，我和学生可以一起通过班会感悟记录本，回顾开展过的主题班会，回味快乐而有意义的时光，加强和深化对某个问题的认识。

总的来说，主题班会不是教育的目的，而是手段。我们希望通过主题班会锻炼学生的能力，培养学生正确的为人处世观念，解决班级管理中出现的问题。班主任要多探索、多思考，让主题班会更有效。

>>> 姜慧·江苏省泰州市九龙实验学校初中部

班会设计"六个一",助你轻松开班会

班会如何设计,才能既在内容上做到从问题出发,又在形式上吸引学生,让学生获得深刻感悟,提升教育的实效?笔者认为,班会设计"六个一"——一个深刻有趣的引入、一则经典故事的分享、一次身边经历的模拟、一番辨别是非的讨论、一个内心感悟的提炼、一项行动的落实,会引发学生思考,激发学生感悟,让学生将思考和感悟落实到行动上,它们可以帮助教师轻松设计并开好班会。

一、引入设计:视听图说,戏语趣谈

班会的开始,要像一台戏的开场一样能深深吸引观众,激起观众强烈的观看欲望。所以班会的引入要让学生充满期待,让学生感到惊喜和出乎意料,以充分调动学生的视听觉感官,让学生动力十足地投入其中。引入可用以下几种形式。

1. 图片或视频

图片作为一种简单、有内涵、能深入解读的载体,在班会的引入上得到了广泛的应用,比如,"学会学习"主题班会可以用"登高望远"的图片引入。

师:看到这幅图,你们会想到什么?
生:站得高,看得远;站得越高,看到的风景越美。
师:能给这幅图取一个名字吗?

生：高处有美景。

生：为了美景，攀登吧！

师：是啊！位置决定视野，高处有胜景。若你处在那个看不见美景的位置，想去可以看到别样美景的高处吗？

生：想啊！

师：是啊！谁都想去，怎样才可以上去呢？

（有的说可以攀爬上去，有的说可以让上面的人拉上去）

师：若这是一座书山，可以通过什么方式攀爬到那个高峰上呢？

生：学习。

生：学习就如攀爬高山，爬得越高，看到的风景越不同。

生：一本本书，就像一级级台阶，学得越多，就攀登得越高。

师：同学们很有见解，非常有想法，我们今天就来聊聊如何学会学习，如何攀登书山，登上顶峰的问题。（板书：学会学习）

当然，也可以用一些感人的视频（如公益广告、经典动画等）来引入。视频的选择余地很大，"感恩、孝敬父母"班会可以用公益广告 *Family* 引入，"安全从我做起"班会可以用各种安全事故的视频引入，等等。

图片和视频，作为一种可视、可知、可感的直观载体，可以调动学生的视觉感官，让学生产生强烈的震撼，是班会引入的一种不错的选择。

2. 游戏

班会上的游戏，不是简单的热身活动，得契合主题，既要简单，又要有趣、深刻。比如，用"传递表情"的游戏，引入"善待他人"主题班会；用"看谁最快拿到苹果"的游戏，引入"团结合作"主题班会。

师：听说咱们班能人辈出，而且有很多大力士。今天，我就请两位大力士上台来接受我的挑战。

（学生推荐两名力气大的男生上台）

师：大力士，你们好！我们握个手，拥抱一下。（拿出两个苹果）大力士，请看，这是什么？

生：苹果。

师：我把两个苹果分别放在教室左右两边的窗台上，请两位大力士手拉手，不能松手，分别去拿两边的苹果，给你们30秒时间，看看你们能否拿到。

（两位大力士开始"拔河"，由于势均力敌，两人不分胜负，都没有拿到苹果）

师：同学们，你们想对大力士说什么？

（学生纷纷表示，他们俩的力气差不多，不容易分出胜负。此时，有两个女生说她们能很快拿到。于是她们手拉手先一起拿走右边的苹果，又快速拿走左边的苹果。学生一片哗然，纷纷表示这样是耍赖皮。）

师：同学们说你们耍赖皮，你们怎么解释？

生：老师的规则是我俩不能松手，30秒之内拿到两个苹果，我们都照做了呀！这是智慧，合作的智慧。

师：你们觉得呢？

生：我觉得她们符合规则，而且很有智慧，应该给她们掌声。（学生鼓掌）

师：可以用哪些词来形容她们俩和刚才两位大力士？

生：我想起了一句话——"团结力量大"。

生：合作共赢，争斗双输。

生：凡事要讲团结。

生：做事要有智慧，相互合作很重要。

师：是啊！合作共赢，两个文弱的小女生团结在一起，完成了两位大力士都完成不了的任务。今天我们就一起聊聊"团结合作"这个话题。

游戏是学生最喜欢的活动，在游戏中体验，不仅能激发学生对班会主题的兴趣，更能触发学生的感悟。

3. 小调查

可以根据实际问题，创设一种情境，由浅入深地调查，层层递进，不断挑战学生的心理自护底线，让学生暴露自己的思想，展现自己真实的一面。当然，调查不可危害学生的生命安全，不可涉及学生的隐私。

比如，在"学会诚信"班会上，班主任利用一个"你会不会还钱"的小小调查，引入了诚信主题。

师：如果你欠别人8元钱，你会还吗？80元呢？

生：（很快回答）会！

师：800元呢？

生：（有些犹豫）……也……会呀！

师：8000元呢？

生：（更加犹豫，支支吾吾）……会……吧？

师：8万元呢？

生：（开始打哈哈）嗯……先努力挣钱吧！

师：80万元呢？

（有的学生开始反问：我为什么要欠那么多钱？大部分学生开始沉默，回避问题。）

师：如果在8元、80元、800元、8000元、8万元、80万元中，非要你选择一个，你会选择还上哪个数额？

（学生纷纷表示选择少的，这样自己轻松一些）

师：是啊！得好好谋划一下，不能让债务超出自己的偿还能力。

师：如果我告诉你，这钱不是你欠下的，从法律角度说，你没有还钱的义务，当然还有一个条件——你的年收入不足2万元，你会选择还上吗？

（大部分学生表示不是自己欠的，肯定不还，就是最少的也不还；有的说要看情况，选择少一点儿的吧！我们自己也得生活呀！）

师：一个叫吴乃宜的老人，当时就面临这样的困局。我们一起来看看，他是怎样选择的。

引入的重要性不言而喻，需要营造一种轻松、开放、安全的环境，激起学生对班会主题的兴趣，让学生以积极饱满的心态投入班会活动中。

二、故事设计：悬疑呈现，宛如身临其境

班会中一般都会设计一个契合主题的经典案例或故事，目的是利用故事的情境让学生协作、交流，唤起学生的感悟。故事可以用悬疑的方式呈现。

比如，"善待他人"班会中的故事，不是完整给出的，而是以悬疑的方式呈现的。

故事：有一位单身女子刚搬了家，她发现隔壁住了一户穷人家：一个寡妇与两个小孩。有天晚上，忽然停了电，那位女子只好点起了蜡烛。没一会儿，忽然听到有人敲门。

师：你们猜是谁在敲门？这个人会有什么事？

（学生纷纷表示，肯定是隔壁的小孩来借蜡烛。因为他们家里比较困难，可能没有蜡烛。）

故事：原来是隔壁邻居的小孩，只见他紧张地问："阿姨，请问您家有蜡烛吗？"女子心想："他们家竟穷到连蜡烛都没有吗？千万别借给他们，免得被他们依赖了！"

师：同学们似乎猜对了，起码这个女子的想法跟大家一样。接下来会发生什么？

（有的说女子会找一个借口不借；有的说女子会把孩子骂走；而有的坚持说，女子会把蜡烛借给小孩，因为她有爱心。）

师：同学们的猜测都有自己的理由。老师觉得，认为"女子会把蜡烛借给小孩"的同学，也许猜到了故事的结局，可他们还是希望女子能回心转意，老师比较赞赏，你们很有爱心。

故事：于是，女子对孩子吼了一声："没有！"

师：你猜对结局了吗？面对这样的局面，你若是那个小孩，会怎样？

（学生大部分表示会离开，不会赖在那儿，这个女子太没有人情味了。学生个个义愤填膺。）

师：遭遇这样的委屈，这个小孩是怎样面对的呢？我们继续来看会发生什么。

故事：正当她准备关上门时，那个小孩展开笑容说："我就知道您家一定没有！"说完，竟从怀里拿出两根蜡烛，说："妈妈和我怕你一个人住又没有蜡烛，所以，我带两根来送你。"

（看完这句话，学生沉默了，很多学生的眼中闪出了泪花）

师：（低沉地）说说你的感想，好吗？

生：女子很感动，会拥抱小孩，会热泪盈眶，太感人了。

生：我也很受感动。这个小孩面对阿姨的吼叫，不仅不离开，反而展现笑容，他好有爱心，好有气度哇！

生：小孩和妈妈值得我们好好学习。

故事：此刻女子自责、感动得热泪盈眶，将那个小孩紧紧地拥在怀里。

师：是的，谁不感动呢？听完这则故事，你有什么感受？学到了什么？

（学生表示不能以怀疑之心去看待别人，要善于理解他人。被误解后若还能释放出善意，将会收获更大的感动。）

以悬疑的方式呈现经典的案例和故事，可以让学生在猜测、验证、期待中经历整个事件，把自己带入故事中，呈现自己的思维，深刻体会主人公的思想，从而产生强烈的反思。

三、情境设计：模拟经历，深度挖掘

任何一个教育主题，学生都会有相关的经历或经验，班会设计要善于从学生已有的知识、经验出发，引发学生的共鸣。这个环节主要展示学生自身的经历,重视学生的反馈,体现学生的主体地位。可以创设一种情境,让学生置身其中,通过说一说、演一演充分展示学生的思考,深度挖掘学生的所思、所想。

比如,"善待他人"班会中的设计如下。

[小东和同学在走廊上玩,由于动作幅度过大,不小心碰到了小明的头,小明感到非常疼。此时,小明会如何选择?小东会如何回应?结局如何?请大家根据自己的想法,填写"我的推测"(见下表)。]

我的推测

事件进程	小明的反应	小东的回应	双方表现	事件结局
我的推测				
我的想法				

[学生独立完成表格,并汇报自己对事件进程的推测及想法。老师根据学生的汇报,出示小结(见下图)。]

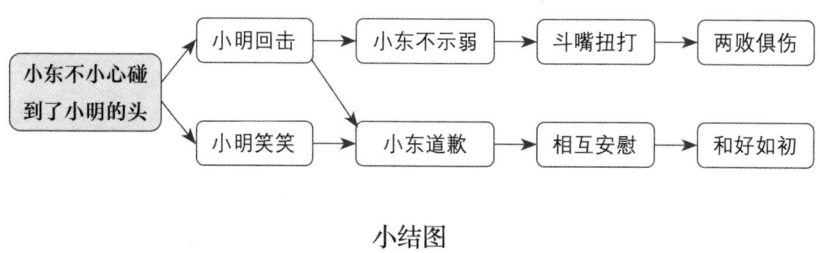

小结图

师:你能从这幅图中发现什么?

生:当小明回击时,小东觉得自己是不小心的,于是不肯示弱,两个人的冲突就发生了。

生:若双方有一方让一下,笑一笑,道个歉,冲突就不会发生了。这告诉我们,学会道歉非常重要。

师：我们同学平时又是如何表现的呢？想不想模拟一下？

（第一组学生模拟双方不甘示弱的情境）

（第二组学生模拟小明回击，小东道歉，和气收场的情境）

（第三、四组学生模拟双方礼让后高高兴兴的情境）

师：看了双方的表现，你认为谁最友善？你最愿意学习谁的做法？

（有的学生说，是道歉的小东，因为对方回击了他还能不计较，这样很大气；有的学生说，是笑一笑的小明，对方也是不小心的，没什么可计较的。）

师：不计较、大气、友善，总是最受人欢迎。

注重学生的认知规律、贴近学生实际的情境或活动，更容易让学生形成自我认知。这个环节的素材来自学生的生活，让学生充分模拟，通过讨论形成自己的经验。这契合建构主义的思想：学习具有主动性，学习者是以原有的经验为基础，通过与外界的相互作用来建构新的理解。

四、两难设计：是非争鸣，寻求最佳

在日常生活、学习中，人们往往会遇到一些特别难以抉择的事，即两难问题。两难就难在不同的选择，都既有利又有弊，往往让人陷入进退维谷的困境。设计两难问题，主要是想让学生明白选择的真谛，以达成共识。

比如，"感恩父母"班会，一位老师设计了这样两道选择题：

问题1：她活力四射，美貌如花，瓜子脸、大眼睛、白皮肤、身材曼妙，他非常爱她。不幸的是，在一次火灾中，她的脸被烧伤，留下了难看的疤痕。你认为：他会一如既往地爱她吗？

问题2：他英俊潇洒，受过良好教育，聪明有修养，还是商界精英，她非常爱他。不幸的是，一天他破产了，身无分文。你认为：她会一如既往地爱他吗？

（在对这两个问题的回答上，学生出现了分歧）

师：如果把问题1中的"他"改为"父亲"，把问题2中的"她"改为"母亲"，那么，你的回答是什么？

（学生无一例外都选择了"会"）

师：你们为什么有这样的选择？

两次选择，两种情境，让学生自己去思考、评析、感悟父母的爱是没有任何附加条件的，是包容的、无私的。感悟父母的真挚爱意，也让学生明白，只要有无私的爱，选择总是不困难的。

两难问题无处不在，无时不有。在班会中设计这样的问题，抛给学生去讨论，让学生面对生活现实，把自己难以抉择的思想顾虑和内心挣扎展现出来，以便启发学生理性思考，在思辨中寻找最佳答案。当然，要让学生明白，解决两难问题必须遵循以心换心的原则，真心对人，诚心对事，争取"双赢"，力求"全胜"。在原则问题上不能妥协，在具体操作中又要体现灵活性，从而让学生在不断思辨、解决问题的过程中生成智慧、获得成长。

五、感悟设计：流露真情，形成盟约

学习后学生往往有感悟，这时需要学生流露真情，形成盟约，以指引今后行动的方向。感悟设计要给学生一定的引领以及一些提示。

比如，"学会倾听"班会的倾听歌如下：

眼睛看，耳朵听，
沉默等待有耐心，
提笔记录真用心，
点头微笑有德行。

又如，"学会诚信"班会的诚信小诗如下：

诚信，从点滴做起；

诚信要言行一致；

不欺骗，不隐瞒；

诚信，不能让相信我们的人伤心；

诚信也要先判断，再行动；

诚信，要学会拒绝诱惑；

"百年诚信，毁于一骗"；

诚信的人会受到人们的欢迎；

诚信，是立身之本；

诚信，是成功秘诀；

诚信，_____。

这些歌和小诗有的是行动小结——要遵循的规定，有的则是感悟。留白部分是为了启迪学生去提炼，让学生真实地抒发自己的情感，表达自己的想法。也许，很多感想学生目前尚未真正做到，可那应该是学生想要企及的愿望。老师可以让学生自由写感言，然后选取认同感强的感言作为大家今后努力的方向。这样的感悟是学生的肺腑之言，可以提升学生的认同感，让他们看到方向，明白应该如何努力。

六、延伸设计：为了梦想，付诸行动

落实环节，是很多班会缺失的一个重要环节。在深挖感悟后，落到实处，付诸行动，显得非常必要。

比如"学会倾听"班会，最后需要结合感悟小语形成落实表（见下表），让学生通过自评、他评的方式落实。

"学会倾听"落实表

内容	时间					说明
	周一	周二	周三	周四	周五	
1. 要看着对方的眼睛,不东张西望。						本表格每周一张,做得到请打"√",做不到请说明理由。
2. 要面带微笑,感受对方的喜怒哀乐。						
3. 要专心致志,不做无关的事情。						
4. 要让对方把话说完,不中途打断。						

当然,在行动环节,还可统一设计"梦想标尺"(见下表),充分利用学生提炼的感悟,让学生自我对照,给自己定位,看自己做到了几点,接下来还能做到几点,并明确提出努力的方向和目标,在将来的日常学习和生活中去实现。

我的"梦想标尺"

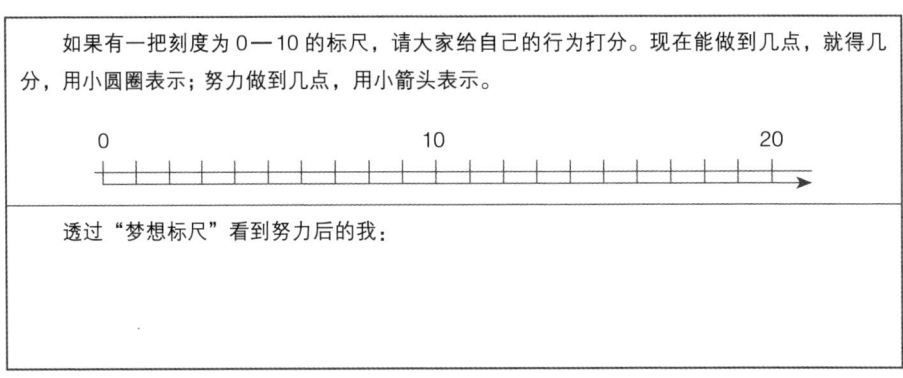

从认识到改变,需要有一个消除不适行为的过程;从被动到主动,必须建立监督机制,营造良好的监督氛围。心有所想,更要落实到行动上。

达成共识后,为了学生后续行为的改变,在延伸设计上要注重建立监督措施、奖励机制予以保障,以实现学生行为的真正改变。

>>> 林志超·浙江省龙港市潜龙学校

"师话实说"访谈型班会

"师话实说"是新一班开发的系列主题班会，是借鉴《实话实说》《艺术人生》等名牌访谈节目的创意而推出的访谈型班会。"师话实说"，顾名思义，就是邀请学校领导、教师参与班会活动，谈谈他们的成长经历、成长感悟、个人爱好，与学生说说心里话，同时接受学生现场提问。学校领导、教师的特殊身份，以及他们与学生角色的差异使得活动创意新颖、富有神秘感。这一系列主题班会一经推出，立即成为最受学生欢迎的活动。

在和学生相处的过程中，我发现许多学生对学校领导、教师的看法是片面的，同时对他们又充满了好奇。学生眼中的教师世界是神秘的，因为平时只能看到他们在工作中的表现，其余的一概不知，于是产生好奇心理。有些学校领导对学生的管理非常严格，导致学生产生误解和埋怨。其实，这些领导也经历过学生时期，也有自己的真性情，也有生活化的一面，而学生对这些往往并不了解。因此，我们把"师话实说"活动定位为"聆听、分享、互动、智慧、感悟、教诲"，力求通过沟通、理解创建新型、和谐的师生关系。

一、培养主持人

成功的访谈节目，关键在于主持人机智、灵活，会随机应变，能够恰如其分地把握主题，调节现场气氛，既不能让节目冷场，也不能造成混乱。由于学生与教师，特别是与学校领导之间存在角色差异，学生往往很难放开。所以，培养优秀的主持人至关重要，他们需要在实践中锻炼和提高能力。

主持人的培养一般要经过两个步骤。

第一步，由班主任和有主持才能的学生共同主持，班主任在活动中指导、培训学生主持人。应选取落落大方、不怯场、语言表达能力强、有一定应变能力的学生担任主持人。在最初几期活动中，我带着学生一起主持，使学生在实践中积累经验，当学生可以独当一面时，我便逐渐放手。

第二步，由学生自己主持。每次活动一般设两个主持人，第一主持人是相对固定的班级金牌主持人，第二主持人是不断变换的。比如，邀请数学教师作为访谈嘉宾时，可以让数学科代表做第二主持人。科代表和科任教师接触多，彼此比较了解，无论是设计提问还是与教师交流、沟通，都比较容易。此外，与访谈嘉宾关系好的学生也是第二主持人的好人选。

二、活动的操作过程

1. 会前准备

（1）"师话实说"主题班会一般每月组织一至两次，每次请一位教师或学校领导做访谈嘉宾，一个学期邀请访谈嘉宾六至七人。

（2）开学初列出拟访谈的嘉宾名单、访谈的大致时间，在全班招聘主持人，以便学生事先准备资料、制订访谈计划。访谈计划根据嘉宾的具体情况制订。

（3）主持人向拟访谈的嘉宾征询意向，征得同意（不勉强）后提前一个星期向嘉宾发出邀请函，与嘉宾商议确定访谈时间并进行初步采访。在班会召开的前一天，提醒嘉宾做好出席准备。班会当天，由一位主持人把嘉宾引到现场。

（4）主持人搜集、准备嘉宾的资料，设计访谈环节，制作 PPT。活动主题曲使用伍思凯的《分享》，背景音乐根据嘉宾的访谈内容设置。

（5）学生事先准备好向嘉宾提出的问题，问题需经班主任把关。

（6）班会前简单布置教室。座位通常有两种排法，一种是沿用上课的方式，嘉宾和主持人站在教室前面面向大家访谈；另一种是学生呈 U 字形围坐，前方安排嘉宾和主持人的桌椅，嘉宾坐着接受访谈。

2. 班会流程

（1）用PPT打出欢迎辞，播放活动主题曲，等候嘉宾到来。

（2）邀请嘉宾进入教室，主持人致欢迎辞，宣布访谈开始。

（3）主持人对嘉宾进行简单介绍（详细资料随着访谈的进行渐次展开）。

（4）第一环节："师话实说"话成长。由主持人按既定方案采访嘉宾，以嘉宾讲话为主（约占总时长的三分之二）。

（5）第二环节：名师（领导）面对面。自由提问，互动交流。学生就感兴趣的问题向嘉宾提问（约占总时长的三分之一）。

（6）主持人总结或班主任点评，向嘉宾表示感谢并赠送小纪念品。嘉宾向全班学生赠送一句寄语。

三、班会效果

"师话实说"访谈型班会邀请的嘉宾是学生身边的学校领导、教师，所聊的话题贴近学生实际。在现场，无论学校领导还是教师，都展现出了与平时完全不同的风格，给学生耳目一新的感觉，活动达到了预期的效果。

（1）学生通过活动全面了解了学校领导、教师的情况，理解了他们的辛苦与不容易，学会了全方位地分析、评价他们。活动的气氛热烈融洽，与平时上课时完全不同，在轻松的氛围中师生的感情迅速升温，从而使学生能够更好地接受教师的教育。

（2）学校领导、教师放下身架，走到学生中间，与学生零距离对话，让学生了解、认可自己，从而提升教学或者工作效果。活动邀请的领导、教师都是学校教育教学骨干力量，他们分享自己的成长感悟，对学生来说是一笔宝贵的财富。

（3）从班主任的角度来说，让学生更多地了解学校领导、教师，改善师生关系，对教育和管理大有益处。参与活动的学校领导、教师从第三方的角度帮助班主任教育学生，效果非常显著。

（4）"师话实说"活动使班级的文化生活更加丰富多彩，提升了学生校园生活的幸福感和集体凝聚力。

>>> 陈宇·江苏省南京市第三中学

让心理班会伴随学生成长

学生成长，尤其是健康顺利成长，是每一位班主任的心愿。如何让自己的工作很好地促进学生健康成长一定是每位班主任思考的问题。当然，每位班主任都有自己的宝贵经验，作为一名高中班主任，笔者特别推崇心理班会这一管理班级的好方法。

一、什么是心理班会

心理班会，顾名思义，是渗透心理健康教育理念、以心理健康教育为主要内容的班会。和普通班会相比，心理班会通常根据学生常见的心理问题和不同年龄阶段的心理特征来选取主题，更多利用团体心理辅导、心理游戏等独特的形式，尤其关注学生的心理体验，注重对学生心理体验的总结、提升，进而引导学生寻求问题的解决方法。心理班会也会运用很多心理学原理。在心理班会中，教师通常只起指导作用。

二、为什么要开心理班会

笔者为什么钟爱心理班会这种教育方式？从心理学来看，人的行为都是心理的外显，学生的行为出现问题往往是因为心理产生了偏差，一种心理偏差往往又会产生很多种外显偏差行为，如果能从心理层面解决问题，则无须在众多外显行为上过多纠结，解决实际问题就可以事半功倍。高中的学习生活节奏很快，学生面临的问题很多，而一名班主任又需要同时关注几十名学生的发展，心理班会面向的正是全班学生，可以一次性解决一类学生的问题。还有就是，心理班会是团体活动，学生置身于集体中，往往会受到团体力量的影响,使教育效果得到增强。更重要的是,团体心理活动的开展,往往需要全体学生相互支持、相互分享、相互理解,在这样的过程中班集体的凝聚力会大大增强。

三、心理班会的选题与实施

心理班会的开展离不开选题和实施这两个方面。笔者认为,开展心理班会,选题比实施更重要。选好了主题,实施可有许多创造性的设计,其形式包括讲授法、心理情景剧、心理游戏、团体心理活动、脑力激荡等。在高中阶段,心理班会的主题主要来自两个方面:根据学生的心理发展预设,根据某些事件临时选择。

1. 根据学生的心理发展预设主题

根据学生的心理发展预设主题,主要是通过分析高中生三年的心理发展特点,并汇总历届高中生出现的主要心理问题来确定主题。下图粗略阐释了高中三年学生可能会遇到的主要心理问题。高一和高三是高中生最需要心理帮助和关怀的阶段。高一学生从初中步入新学校,首先遇到的心理问题是如何适应新的学校、新的学习模式和节奏;面对文理分班,学生又会遇到如何抉择的心理煎熬;在文理分班时,学生还要经历一次班级同学的分别之痛。而高二阶段由于没有过多的冲突事件发生,学生的问题大多表现为包括早恋在内的同学交往及自我认识的偏差等。进入高三,应试问题便成了集中爆发的心理问题,从高三开始不久显现,会一直延续到高考结束。

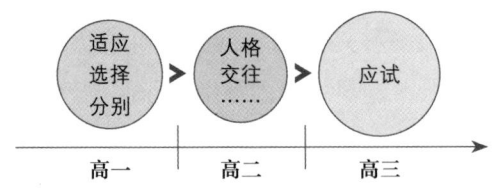

高中三年学生主要心理问题

作为高中班主任，我们可以在学生进校后就针对他们可能会遇到的问题做好预设，在问题发生之前就给予学生足够的心理帮助，以便让他们从容应对。

以高一学年的"适应"这一主题为例，在学生进入高中后的一至两个月内开展一系列心理班会，能有效帮助学生顺利度过适应期。比如，我校高一（6）班，9月开学至该学期期中考试期间共开设6次心理班会，其中3次为初始适应主题，3次为适应后的成长主题，其主要目标和形式如下表所示。

高一（6）班入学至期中考试期间开设的6次心理班会

班会课名称	教育目标	主要形式
入学第一篇——初入六班	消除学生对陌生环境的恐惧感，使学生建立适应新环境的积极心态	心理游戏
入学第二篇——爱上六班（我们从这里起航）	熟悉同学，初步建立新班级，使学生形成对新班级的归属感	团体心理活动 心理游戏
入学第三篇——学在六班、学在苏中	帮助学生了解高中学习的特点，减少由对学习模式的不适应导致的问题	心理短剧 讲授法
成长第一篇——管理好我们的时间	帮助学生学会基本的管理时间的方法，使学生通过合理管理时间让自己的学习生活更为有效，以便更好地适应高中快节奏的学习生活	心理短剧 讲授法
成长第二篇——做最棒的自己	帮助学生正确面对高中的第一次考试，接受自己的实际情况，并能在认真分析自身情况的基础上建立起对自己的信心	心理故事 脑力激荡
成长第三篇——种下理想的种子	在初步度过适应期后，尝试规划整个高中生活，使高中的学习更有计划、更有方向	心理故事 心理游戏

针对学生文理分科如何选择的问题，我们可开展主题为"向文转？向理转？"的心理班会，利用心理学的专业测评工具帮助学生分析个人的性格特点、专业倾向等，再通过心理情景剧探讨文理的利弊等，帮助学生做出合适的选择，使学生的选择少一些茫然，多一些理性。

高一学年结束因文理分班而面临分别时，我们可开展"我们这一年，致我们的高一"心理班会，带领学生回忆一年来的点滴生活，感激那些曾经给予过自己温暖、帮助的人，对即将分开的同学送上真挚的祝福。学生会在具有仪式感的告别中生发出接受新生活的勇气。

高三学年关于应试心理的系列心理班会其实是同一问题在不同阶段的不同表现，因此，每一次班会的微角度的选择都需要更多结合学生的特点。下表为我校某届高三（6）班在高三学年不同阶段开设的心理班会。

高三（6）班在不同阶段开设的心理班会

班会课名称	教育目标	开设时间
高三你好	帮助学生了解高三的基本特点，克服对高三的恐惧	高三开学初
快乐地奔跑	突破高三阶段性的倦怠，在枯燥的备考生活中寻找乐趣、激发热情	高三第二学期开学初
冲破迷雾，我们必赢	帮助学生突破高三冲刺阶段的高原现象、舌尖效应等，树立积极迎考的心态	高三第二次模拟考试后

2. 根据某些事件临时选择主题

学生的个体差异大，问题也多样，仅根据学生的心理发展预设一些心理班会是远远不够的。教育过程中经常会有一些突发事件发生，这些事件往往会对学生产生极大的心理冲击。在遇到这些问题时，如果能及时、有针对性地开设相应的心理班会来解决问题，会极大地减少班主任后续工作的压力。本文举几例笔者所带的班级因突发事件发生而开设的心理班会。

[案例1]

某日中午，我进班后发现一名学生将自己的凳子搬至教室内两列桌椅之间的过道上，挡住了其他学生通行。我询问原因，该生立即暴怒，并嚷道："为什么是我坐在教室前排的边上？这让我不能很好地看到板书。"我让一名后排学生先暂时和她调整一下座位，该生还是大叫"我为什么要听你的"，并拒绝搬离。（我班的座位是每周轮换的，所以该生一个月只有一周坐在边上）……虽然该生经过我的劝解最终搬离，但班里其他学生对该生只顾自己利益的做法极为反感，在周记中纷纷指责该生，并使得该生产生了"虽然我不对，但是你们都拼命指责我，我恨你们"的想法。考虑到该生的情绪在较长一段时间内可能都不能平静下来，且该生较为敏感，不便进一步直接交谈，我开展了一次主题为"宽容"的心理班会。班会首先开展故事分享、心理游戏等活动，让学生理解宽容的重要性和现实意义。经过一系列铺垫，在最后的"宽容大行动"环节，该生终于在全班面前亲口说出一直以来想说的"对不起"，获得了全班同学的掌声。一场不大不小的风波在一次班会上顺利解决，班级的风气也得到了净化。

[案例2]

有一段时间，好几位家长连续向我反映孩子与家长沟通不畅，时常对家长发火，也不愿意告诉家长自己在学校里的情况，家长十分担心……考虑到良好的家庭关系有利于孩子的学习与成长，且适逢母亲节到来，为帮助学生和家长建立良好的亲子关系，我开设了心理班会"感恩与前行——我们和我们的父母"。班会首先通过心理剧的形式，展现家长和孩子发生冲突的场面，引发学生自我反省；然后通过视频展示孩子来到世界上的过程，以及孩子成长过程中与父母在一起的各种温馨场面，激发学生对父母的感激之心，再通过交流、分享等形式让学生表达出对父母的感激之情；最后通过角色扮演，帮助学生体悟父母的心情，最终理解父母并能以正确的方式与他们沟通。班会课后，许多家长通过电话和我交流孩子回家后的一些变化。

不得不说，心理班会的作用还真是不容小觑。

四、感受与反思

其实，无论是根据学生的发展规律预设一些心理班会，还是在学生发展过程中临时起意选取主题开设班会，都需要班主任密切关注学生的心理动态。这些心理班会的开设自然融合在日常的班级管理中，有的能在学生问题集中爆发前防患于未然，有的能在问题发生后解决问题，帮助学生构建健康的心态。只要我们认真去做，总是益处多多。从笔者所带班级来看，许多细碎的教育问题在集体班会中得到了解决，班级凝聚力也因为心理班会这一"交心"的团体活动的开展得到了增强，整个班级一直沿着良性、健康的方向发展。作为班主任，笔者越发体会到管理班级的轻松与快乐。

当然，在心理班会的开设中，笔者发现班会主题越能针对学生的具体情况，班会的效果越好，这就需要班主任拥有敏锐的观察力和高效的行动力。而班主任毕竟不是专业心理教师，在开设班会时，视野和方法在一定程度上会受限，这又需要班主任进一步学习和提升自我。笔者正是通过参加苏州地区为班主任举办的兼职心理教师培训，学到了开设心理班会的各种专业方法和有关中学生心理的专业知识，这些都是笔者能够顺利开设心理班会的有力保障。相信随着班主任专业化的进一步发展，班主任开设心理班会的前景会越来越广阔。

>>> 徐惠·江苏省苏州中学

青春问题，活动解决

问题，是学生成长路上的风景。告别无忧无虑的童年，进入青春期，学生的身体、心理经历着极大的变化，成长烦恼、学习困难、人际困扰、思想困惑、情感困乏等问题随时会偷袭青春、挑战青春。面对这些问题，很多学生手足无措，茫然不已，甚至一路跌跌撞撞。班级主题活动作为学校育人的基本途径之一，因其多样性、趣味性、针对性，能在潜移默化中帮助学生解决青春期的一些问题。

一、探索

班级主题活动作为一种班级共同活动，不是单指全体成员参加的活动，而是基于集体共同发展的需要，围绕一个主题或者针对一个问题，在有意义的集体活动目标和任务引导下，全体成员相互协作、互动交流，完成集体和个体目标的活动。很多优秀班主任的经验告诉我们，若干年后学生对学校生活仍留有深刻印象的往往是那些触动他们心灵的主题活动。因此，我一直在探索如何让每一次班级主题活动都成为每一个孩子展现自我的舞台，同时也成为集体教育的磁场。

1. 展现问题、现象——真实

在设计班级主题活动时，一定要把班级在相关方面存在的问题真实、具体、原生态地呈现出来。尤其要注意，是"这个班""这个时候"的"这个问题"。这样，主题活动才具有针对性，班主任才能带领学生发现问题，直面问题，从而更好地解决问题。

比如，在设计"向幸福出发"主题活动时，我发现，学生不幸福的原因除了与父母、同学的交往出现问题外，还有很大一部分来自学习压力。于是，我用相机捕捉班级学习中的一些场景，并配上旁白："……学海中我奋力遨游／每天在一遍又一遍的闹铃声中醒来／课间，是我们酣睡的时光／拿什么拯救你，我的数学和物理／我把单词紧紧抓在手心里／黑板上是那永远也写不完的作业／考试考试／考试的结果，常常让我哭泣／连你也不懂我的心／一个人，一个人，我总是一个人／哀怨哀怨又彷徨／心中总有炖不完的忧伤／幸福的声音你究竟在哪儿呢……"这些素材完全来自学生的生活，真实可信，一下拉近了我与学生心灵的距离，让他们觉得被理解了。

再比如，在班会"拥抱友善，幸福你我"的开头，我设计了这样一个活动。

以小组为单位，根据提供的四个情景，各组分别编写时长 1 分钟的剧本。尽可能多地使用能够激怒别人的话语、表情、动作描写，然后由小组成员表演出来。

情景一：小毅和小望在课堂上讲小话。他们两个人被老师点名批评……

情景二：小美和小丽是室友。小美因为考试成绩不理想心情不好，小丽因为丢了钱包闷闷不乐。她们因为小矛盾吵起来……

情景三：一向和气的爸爸下班回家时，看见小强正坐在沙发上看电视，脸色极为难看……

情景四：在回家的路上，走在前面的一个老爷爷忽然摔倒在地上……

这四个情景分别从学生与老师、同学之间、学生与家长、学生在社会上四个角度来呈现问题。虽然编写剧本的时候会有一些艺术加工，但是，这些情景常常发生在我们周围。所以，拒绝"高大上"，拒绝无病呻吟，把身边的问题真实展现出来才是一堂主题班会好的开始。

2. 挖掘问题的根源——深入

任何现象、问题的背后，一定存在某种根源。只有挖掘根源，才能对症下药，找到解决问题的方法。意识决定行为，而行为背后的意识是复杂的。世界上最远的距离，不是千山万水，而是心与心无法沟通。要走进学生的心里，不是一件容易的事情。顾城有一首诗《远和近》——"你 / 一会看我 / 一会看云 / 我觉得 / 你看我时很远 / 你看云时很近"，说的大概就是这个吧。

在策划主题班会"寻找不抱怨的世界"时，我在查找资料的过程中发现，有调查表明，我们每天抱怨的次数一般在15—30次之间。对这些抱怨，我们常常不自知。看似一两句不经意的抱怨背后，究竟隐藏着怎样的心理呢？要解决这个问题，就一定要挖掘抱怨的心理根源。例如，学生抱怨学校纪律太严、作业太多，老师抱怨学生难教，家长抱怨孩子难管，有些人抱怨社会不公，等等。其实，通过分析我们不难发现，抱怨的背后是这样一些心理在作怪：寻求关注，把喜欢抱怨的人吸引到自己身边；推卸责任，引起别人的同情，借此避免去做自己不愿做、不敢做的事情；引人艳羡，让人觉得自己比别人更懂一些，这是一种缺乏自信的表现；为失误找借口，而不是为成功找方法。这些都是不够健康的心态，对我们会造成不好的影响。

有一次，在准备学校广播体操比赛的过程中，学生纪律松散，有人去打球，有人坐在草地上，有人说难听的话……我临时组织了一次主题班会"一个班，一个人"。中间有一个环节就是让学生分析自己的心理。有人说，老师在，同学们就表现认真，老师不在，就想偷懒；有人说，不想做操，所以出口伤人；有人说，我会做操了，所以不想和别人一起耗费时间；有人说，很多人不认真，自己看不到希望，所以也泄气了；有人说，之所以说一些泄气的话，打消别人的积极性，就是因为自己想去玩；有人说，别人不认真，我认真，感觉自己好愚蠢……给学生思考的空间，让他们自己挖掘行为背后的心理，问题就慢慢变得清晰了。学生这些行为的背后都指向了一种心理——自私，这就是问题的根源。通过这次主题班会，学生意识到应该如何处理个人利益与集体利益的关系，集体荣誉感更强了。之后，我班在学校广播体操比赛中获得第一名。

所以，主题活动不能只追求表面上的热热闹闹、开开心心，而要追问有没有触及学生的心灵，学生有没有收获。安安静静，深入思考，把问题背后的根源挖掘出来，才有将主题班会推向深入的可能。

3. 创新解决方式——体验

解决问题，是班会的关键所在。只有有效地解决问题，主题班会才是有价值的。解决问题的方法很多，如游戏法、讨论法、朗诵法等。但是，我个人觉得，体验是通往心灵的高铁。

学生的成长不是"被教育"的过程，而是体验的过程，是生命自我创造的过程。学生是通过体验学会成长的。在班级活动中，也常常出现这样的情况：告诉我，我会忘记；做给我看，我能记住；让我参加，我会完全理解。然而，很多主题活动，往往只是几个活跃分子的表演，其他人则是旁观者。而在体验式主题活动中，每个人都会参与其中，不知不觉变成当事人，在探索自我和超越自我中获得成长，所以，每个人都觉得自己收获最大。

为了让学生知道在一个集体中团结意识和包容精神的重要性，我让每个学生通过蒙上眼睛、绑住双手、负重等形式成为"残疾人"，然后以小组为单位进行比赛；为了让学生真正感悟时间，我带领他们一起撕代表24小时的纸带，闭上眼睛聆听秒表走过的声音；为了让学生更好地明白生命的不易，我在5月20日这天，带领他们将代表生命的气球塞进衣服里，体验与气球宝贝相处的一天……

"坚持路上，春暖花开"主题活动进行了两季。每个学生选取自己愿意坚持的任意一件事情，坚持21天，每天做记录，写心得。每个学生都信心满满地开始，有的选择每天跑步两圈，有的选择每天背五个单词，有的选择每天叠被子，有的选择每天练字一篇，有的选择每天早上打篮球……在接下来的一个月里，我没有做任何引导，完全让学生自己体验。一个月后，结果果然不容乐观，全班只有几个学生坚持了20天以上。总结会上，学生纷纷分享了自己在活动中的各种体验，诉说坚持的不容易，并对自己的表现很不满意，表示想要"重新做人"，再次发起挑战。于是，我趁机带领他们开始了"坚持路上，春暖花开"主题活动第二季。学生在自我反思、自我鼓励、自我挑战的过程中，比较顺利地完成了第二季的坚持任务。

告诉学生坚持很难，他们会不相信；而让他们试着坚持做一件事情，他们就会明白坚持的不容易。告诉学生坚持多好，他们会不相信；而在成功坚持两季活动后，他们发现自己的英语水平提高了，书写漂亮了，就会明白坚持是多么的可贵。这就是体验的魅力、意义与价值所在。

不露痕迹的教育才是好的教育。从行为心理学的角度来看，主体在没有感受到来自外界的指令压力的情况下充分自主活动时，往往能从活动中获得最大的情感体验，也往往能最大限度地发挥自己的潜能。所以，应该多给学生时间分享他们的体验，从而使他们在班主任的引导下，达到自我教育的目的。

4. 巩固活动成果——延伸

一次成功的体验式主题活动能带给学生比较深刻的感悟，甚至使学生斗志昂扬、热情高涨。但是，激情往往是不可靠的，甚至在辨析中达到的比较深刻的理性认知也是不可靠的。

作为班主任，我们既要重视体验式活动的效果，又不能迷信其效果。我们不是为班会而班会，而是为学生的终身发展服务。

为了巩固活动成果，在一次主题活动后，还应该开展一些配套性的后续活动。

比如，在"寻找不抱怨的世界"主题班会后，我和学生一起带上紫手环开始了 21 天"不抱怨之旅"。有理念，有愿望，但最后能否内化为品质呢？况且，在实践中会有各种各样的新问题出现，挑战的过程非常艰辛。我根据活动进展情况采取了一系列措施：学生自己体验；同桌督促；每天自我反思，并做好记录；小组竞赛；记录 21 天实践手册；每天分享一篇不抱怨美文；用小黑板上的心灵鸡汤激励；评奖表彰。通过各种各样的措施，一步一步艰难地推进活动，一步一个脚印地落实、巩固活动成果。通过努力，班上不抱怨的学生越来越多了，关心他人、热爱集体的学生越来越多了，班级的凝聚力也越来越强了。

我认为，开展班级主题活动，不是为活动而活动，一定要将学生成长过程中的相关问题真正解决，将活动成果落到实处。

二、思考

在探索用班级主题活动解决青春期学生成长困惑与问题的过程中，我认为班主任在以下三个方面必须有所转变。

1. 意识：化仓促应对为积极引领

青春期问题是复杂的，涉及班级的各个方面，也牵涉到每一个学生、老师，甚至每一个家庭。它常常让班主任不知所措。我认为，与其仓促应对，不如积极引领，不要等问题出现、问题严重了，才去想办法解决。因为根据学生的身心发展规律和教育规律，有些问题是可以预见的，如学生学习压力大、人际交往困扰等。有些偶发问题虽然无法预见，但是，平时可以开展一些教育活动，让学生理性认识问题，并帮助他们解决问题。所以，我觉得，班主任可以根据学生、班级的成长情况制定三年主题活动规划。这些活动不应该是零碎的、随意的，它们应该是相互联系、具有特定教育价值的课程体系，能为学生提供课堂、教材无法提供的系统的生活经验和指导，引导学生个体构建健康、成熟的精神世界，让班级成为积极、和谐的班集体。

2. 行动：化枯燥说教为体验、感受

苏霍姆林斯基说过："只有能够激发学生去进行自我教育的教育，才是真正的教育。"主题活动不是政治课，不是思想品德课，不是班主任喋喋不休的讲解、批评、说教、号召。否则，主题活动只会把本处于青春叛逆期的学生推向对立面，导致他们讨厌、抵触甚至反抗这样的思想熏陶。所以，我会挖空心思创新活动，如进行团体辅导、玩心理小游戏等。我会

挑选风和日丽的日子带领学生"逃离"满是书本的教室走向操场、跆拳道馆等。我会把教室布置得别具一格，能让学生在各种精心设计的活动中体验不同的角色、情境、情感，让他们在切身体验的过程中发现问题、分析问题，最后达到解决问题的目的。其实，这一过程也是学生自我激发、自我唤醒、自我教育的过程。这样的活动，因为形式新颖、全体参与，深受学生喜欢。

3. 立场：化高高在上为共同成长

在班级主题活动的设计与组织过程中，班主任往往是总策划、总导演，起主导、指导作用。但是，我觉得，班主任也应该成为参与者，放下架子，和学生一起参与各种活动，一起感受成长的喜悦。我一直以为，陪伴是最好的教育，参与就会有收获。在21天"坚持路上，春暖花开"活动中，我挑选了自己想挑战的项目与学生一起坚持；进行"不抱怨之旅"时，我带上紫手环，与学生一起挑战21天不抱怨。在每一次体验活动中，我与学生一样作为参与者而存在。我的感受，就是学生的感受；学生的感受，同样是我的感受。在这些真实感受的基础之上，我能跳出自我，对学生的活动做出公正的评价，甚至及时调整活动方案。同时，在每一次主题活动之后，我都会写下自己的收获与思考。这些都是我作为班主任的成长过程。我十分享受，也很珍惜。

>>> 余利·湖南省湘潭市湘机中学

网络班会：催开学生自省之花

一、令我震惊的一幕：学生围观

寒假前夕，班里发生的一幕让我耿耿于怀。

那天结业式后，我准备进班查看值日情况，刚进楼道就听到我班教室里传出的阵阵争吵声，推门一看，两个学生正激烈对峙着，旁边的桌椅歪斜着，书本散了一地。不过，这还不足以令我震惊，真正让我无法释怀的是周围学生的反应。他们在"安全地带"三三两两聚集着，呈半圆形将这两名同学围在当中，饶有兴致地看着、议论着，甚至还有人鼓动着……我的到来使这场风波很快平息下来，两位当事人坦诚地承认了错误，学生陆续离校。这件事似乎已经解决了。然而，真的解决了吗？没有！

结业式后就是寒假了，再把所有学生召集到学校开班会并不现实。然而，我却不能就此罢手，因为我不想这件事背后隐藏的问题就这样轻轻巧巧地被寒假的到来掩盖。

我想到了网络。网络这把双刃剑在给我们的德育工作造成诸多麻烦的同时，也带来了机遇。之前，我们曾经借助网络召开过几次班会。在摸索过程中，我发现网络所拥有信息的丰富性、传播的便捷性、表现的多样性、交流的互动性、时空的无限制性和虚拟化等特点，都为德育的深化、发展提供了有利条件。

二、网络班会："危险的'看客'心态"

2月2日，我们按照放假前的安排，如期召开了网络班会，不过主题改成了"危险的'看客'心态"。班会伊始，有不少摸不着头脑的学生问我更换主题的意图。我没有急于回答，而是先让他们观看两段视频资料。

2006年8月22日上午9点左右，一男子爬上北京站附近过街天桥顶端的拱形横梁，站在上面大喊大叫，欲轻生。男子的亲人跪在天桥下苦苦哀求，而旁观者却表现出超乎寻常的好奇，他们一个个伸长了脖子向前拥挤，趋之若鹜地想奔赴最靠近当事人的第一现场，来欣赏这场鲜有发生的"闹剧"。那种热情一度让前来营救的警察一筹莫展。不久，警方叫来了消防车，两辆消防车在天桥左右两侧分别架起云梯，民警站在云梯上对该男子进行劝说。而此时，桥下围观群众中竟有人就男子是否真的跳桥与人打赌，他们甚至冲桥上的男子大喊："跳哇！你快跳哇！"……

2007年1月2日上午9点过，一年轻女子独自坐在成都市三圣街某酒店6楼的窗台上，试图跳楼轻生。楼下顿时看客云集，谈笑声一片，围观者中有人起哄，有人拿出手机拍照、摄像，还有人甚至打电话要朋友"快点儿过来看热闹"。围观者中，不时有人发出这样的议论："她怎么还不跳哇？"几名骑车路过的男子在观望几分钟后，竟冲楼上大吼："跳哇，跳嘛！"警方几次干预，起哄声才停了下来。在街对面一栋民房的5楼，一年轻男子竟坐在窗边弹起了吉他，边唱边看。最终，这名年轻女子在人们的催促声中完成了她生命中的最后一跳……

看完这两段视频，学生都很气愤，纷纷指责那些围观者的无德。一名学生这样写道："这样的新闻，我以前在报纸、电视上也看到过。在围观者眼中，轻生者似乎成了'表演秀'的演员……"

有学生跟着写道："跳楼的人在有了轻生的想法后，可能只需要他人的一点儿安慰和开导就化解了，然而众多围观者的口哨声和叫好声，却成了他们毅然放弃生命的催化剂和导火索。"

这段发言得到了学生的一致认同，班会掀起了一个小小的高潮。

我提示大家思考刚刚学过的鲁迅先生的《藤野先生》一文，有学生马上回应道："100多年前的1904年，24岁的鲁迅进入日本仙台医学专门学校，希望学成西医回国医治国民的身体，但是他在一次录像课上发现中国人丑陋的看客心态后，便毅然决定弃医从文。他发现第一重要的其实是改变国民的精神，医治人们的灵魂！"

立刻又有学生写道："社会在经过一个多世纪的飞速发展后，鲁迅当年看到的情景又在以不同的方式一次次地重现。'怂恿他人跳楼'，冷漠地对待他人的痛苦……这些都说明中国人的'劣根性'依然存在，改变国民的劣根性依然任重而道远。"

我适时地把学生的思路引回到那个阳光灿烂而又阴晦的中午："还记得结业式当天的中午吗？我走到咱们班门口，准备查看值日情况，班里发生的一幕令我十分震惊：我看到班里一名女生和一名男生'激战正酣'，一句句激烈的言辞硬生生地挤进我的耳朵里。令我难以相信的是在场的你们的反应，你们自觉地把'场子'让出来，围成一个半圆形，或饶有兴致地观赏、评点'战局'，或三三两两谈笑风生，或心无旁骛地做着自己的事情……你们当中有学习委员、生活委员、体育委员，有团支部书记、共青团员和已经递交了入团申请书的积极分子，但是，竟没有一个人对'参战人员'进行劝解，也没有一个人到办公室去找老师，而是任凭事情发生，任由事态扩大……孩子们，你们知道吗？你们在这件事上所表现出的冷漠和麻木让我至今想来仍然不寒而栗……"

四下一片沉寂，虽然开的是网络班会，但我仍然可以用"沉寂"来形容当时的气氛。

良久，一名学生写道："感谢老师让我们回忆起这件事。在这件事中，我们都扮演了多么不光彩的角色呀！"

"那两名同学在班里人缘是最差的，他们有很多这样或那样的缺点，但他们毕竟是我们的同学呀……如果那天发生冲突的不是他们，我们还会抱着这样的看客心态吗？"

"'颈项都伸得很长，仿佛许多鸭，被无形的手捏住了的，向上提着。'——鲁迅先生在《药》中对看客做过如此经典的描述。这样的'看客围观图'对我们而言不会陌生，因为它在现实生活中一直都不曾消失过。而我们竟然也在充当这样的角色……"

"真是惭愧，在学习生活中，我们最缺乏的就是责任感，我们总是很自私……"

"我们刚刚还在讨伐别人，其实，我们最应该反思的是自己……"

"对我们身边的任何人，都不能抱着'事不关己，高高挂起''多一事不如少一事'的自私心态，我们时常标榜自己对一些陌生的生命、'卑微'的生命都能做到不漠视，难道对同班同学就做不到吗？老师，我们错了！"

"虽然他们有缺点，但其实我们哪个人没有缺点呢？对于他们的缺点，我们可以指出来，可以用不同的方式帮助他们改正，我们没有权利漠视他们，因为他们是要和我们并肩走过初中三年的伙伴！"

"我们对那两名同学缺乏应有的尊重，在他们争吵的整个过程中，我们视若无睹，甚至以一种自私、猎奇的心态去激化他们的矛盾……我们错了……想对这两名同学说声'对不起'……"

…………

慢慢地，这样的声音越来越多。终于，我看到了这样的发言："老师，我就是那天发生争吵的当事人之一，看了大家的发言我很惭愧……"

我心中暗暗高兴，其实这节班会课本就没有打算把那天吵架的两个人排除在外。

又有学生发言："××，我们其实更应该感到惭愧！我们是一个整体，是一个大家庭！还记得咱们教室里张贴的口号吗？'我的班，我的家，我的同学，我的兄弟姐妹！'"

"很多年前，鲁迅先生用自己的文字唤醒了国民的精神，改变了他们冷漠麻木的状态。今天，这节班会课也唤醒了我们的精神！"

…………

三、启示：德育新途径——网络

这次班会比以往任何一次都要成功，德育效果也比以往任何一次都要好。我庆幸自己没有因为放寒假而把班级存在的问题放置一旁，从而错失最佳教育时机，也没有对问题简单化处理。作为教育工作者，尤其是班主任，我们应该有意识地洞察问题背后的问题，并及时予以解决。

总结此次网络班会，我发现自己除了准确把握教育契机之外，还摸索到了一条德育的新途径。我们以往的德育工作过于"严肃"，往往会使学生产生压抑感，而苦口婆心的说教又容易使学生两耳生茧，心生厌倦。虽然有的老师组织学生编写、演出校园剧，开展辩论、演讲，取得了较好的效果，但是学生学习时间紧，要充分保证这些活动的开展，难度较大。因此，我遵循"引导、理解、尊重"的原则，利用数字化、信息化手段，针对班级中存在的问题，及时开展德育活动，以积极主动的态度启发学生思考，指导他们的道德行为和道德实践。这样一来，学生的活动不再是盲目和被动的，他们主动追求，主动创造，对生活意义的认识不断提高、不断深化，而且自身的发展也由此变得更加全面、更加成熟。

此外，信息化社会也需要我们重新设计学校的德育方式，重新开发学校的德育资源。因此，作为教育者，我们应该抛弃成见和顾虑，利用好网络这一丰富的德育资源宝库，开发网络的德育功能，把网络作为德育的有效手段和途径，发挥教育对象的主体作用。

>>> 姜晓·北京市第一二五中学

小学班会课体验活动设计方法

主题班会是班级教育活动的重要形式之一，对促进学生成长和树立学生正确的人生观都起着重要作用。近期，笔者听了几节主题班会课，尽管班主任们已经认识到灌输和说教的低效，注重活动体验，但是体验活动的设计还有待进一步优化。为此，笔者结合自身的实践经验，对体验活动设计的方法做了一些思考。

一、重赋故事新意

在设计活动时，很多班主任喜欢选择故事作为体验内容。应该说，很多故事富含哲理，也蕴含教育意义，通过体验故事中角色的行为或者解读其中的寓意，能够让学生获得体验和启示。但是，这种做法也有一定的局限性。一方面，一些故事毕竟远离学生的生活，学生站在第三者的角度理解其内涵，往往会影响体验的深度；另一方面，在信息传播渠道越来越广泛的今天，班主任很难找到学生没有听过的故事，而重复引入的故事对学生缺乏吸引力，也会影响学生体验的效果。因此，在设计活动时应尽量少用故事，但如果所开展的主题班会确实需要，就应想办法增强故事的吸引力，进而强化学生的内心体验。笔者认为，故事新编是一种不错的方法。

在设计"做最好的自己"主题班会时，我的预期目标是让学生正确认识自己，了解自己的长处和不足，为自我发展奠定基础。设计时我想到《小马过河》的寓意很符合主题，但是大多数学生对这个故事都了解，如果直接使用，难以吸引学生，于是我给这个故事赋予了新意。

上课时，我刚出示了《小马过河》的标题，学生就议论纷纷。我没有打断学生的讨论，等他们安静下来，我说："这个故事大家都很熟悉，不过今天老师带来的故事可不一样。今天老师要讲的是小马第二次过河时遇到的问题：下雨了，河水涨了，小马会怎么想、怎么做呢？"学生讨论后，我继续续编故事："小马第三次驮着盐过河，不幸摔倒后，会想些什么？小马第四次驮着棉花过河，又会怎么做？"等学生充分讨论后，我还组织学生为故事续编新的情景，并分析小马的想法和做法。

学生通过思考逐步认识到，只有改变固化的思维方式才能正确、全面地认识自己，而且遇事不能仅凭经验，还应多思考，这样才能取得更大的成功。

故事新编要求班主任有明确的教育目的并赋予故事新的意义，在学生讨论后要进行引导，通过班主任的梳理和提炼，进一步增强学生的体验，实现预期教育目的。

二、设置神秘悬念

小学生好奇心强，容易被新颖的事物吸引，在活动设计中，如果能够设置带有悬念和神秘色彩的活动，就可以收到很好的教育效果。

在另一届学生的"认识自己"班会课上，我的第一个目标是改变学生不恰当的自我定位。我最初想通过说理或讲故事来达到目的，但后来想到，这样的活动往往容易停留在认知层面，学生未必能深刻认识到正确看待自己的重要性。接着我考虑如何让学生产生好奇心，便借鉴一位高中物理老师的做法，设计了以下活动环节。班会上，我对学生说："据我观察和了解，我们班有位同学特别有才，得到了很多专家的肯定，我听说后感到很自豪。今天，我把他的照片放在这个盒子里。大家只准看，不准说话，所有人都看完后再交流。"学生挨个看完后，都很兴奋，交流也很深入，体验比较深刻。因为我在盒子里放了一面镜子，学生带着好奇心打开盒子，看到的是自己的脸，突然意识到了我期望他们思考什么。

活动很简单，但是学生因为不知道老师说的是"谁"，是带着羡慕和好奇心参与其中的，当看到意料之外的"自己"时，开始想到原来自己也可以很优秀，也可以成为值得老师骄傲和自豪的人。这样的活动引发了学生对自己的审视，为后续活动的开展做好了心理上的铺垫。

三、创设冲突情境

班主任可以根据学生已有的经验设计出与惯常的观点有冲突的情境，通过这种认知冲突，帮助学生转变以往的不良认识。这种与已有经验相冲突的情境，也会引发学生的好奇心和探究欲望，有助于提高学生的心理体验效果。

在一节"自信心培养"主题班会课上，我的第一个意图是改变学生的认识，让他们看到自己的潜能。刚开始，我选择一些名人故事来说明，人只要相信自己，就能发挥潜能。不过，对学生来说，名人的故事离他们太远，他们对这些故事的体验和感悟往往并不深刻。发觉这一点后，我一直在想：用什么样的情境才能让学生切实认识到自己的潜能呢？

后来，我看到一个放曲别针的心理课活动，受到很大启发，便决定把这个活动情境加以改造，引入主题班会课中。

我对学生说："你们知道自己的潜能有多大吗？"学生说不知道。"那我们来估计一下，在盛满水的杯子中放曲别针，能放多少呢？"大部分学生认为，一个也不能放，只要放进去，水就会溢出来。即使比较大胆的学生，也认为最多只能放进去两个。

我没有多说什么，直接把准备好的器材分给各组学生，让他们自己试验。结果，做得最成功的小组放了 13 个，做得一般的小组也能放进五六个。然后，我没让学生讨论为什么能放这么多，而是针对这种"没想到"的现象，问他们想到了什么。很多学生围绕人的潜能和自我发现等展开了交流，较好地体验到了人是有潜能的，认识到不能仅凭以往的经验和感觉就对自己做出不恰当的定位，只要努力去做，就会发现不一样的自我。

在这个活动设计中，我从学生已有的认知入手，着力创造与学生已有经验相冲突的情境，让学生在这种冲突中重新审视自己。这种带有冲突性的情境不仅可以增强活动的吸引力，也会让学生因为积极参与和深刻思考，得到更丰富的体验。这为后续探讨自信心的培养措施奠定了基础。

四、外化具体形象

班主任过多的抽象讲解和要求，往往会超出小学生的理解能力，他们难以把班主任的要求转化为具体的行动。针对这种情况，可以从小学生的特点出发，将他们难以理解的要求转化为具体的形象，以此引发学生深刻的思考。

针对学生学习中出现的问题，我组织了"科学用脑"主题班会。这节班会课分为三个环节：集中注意力、手眼脑并用和劳逸结合。前两个环节，通过活动和情境设计获得了较好的效果。第三个环节比较抽象，学生很难理解科学用脑并不是简单的休息，不知道如何才能做到劳逸结合。于是，我将这个环节用具体的形象展示出来。

我让大家推选几个学生参加角色扮演游戏。其中一个学生扮演认真学习的学生，其他学生分别扮演负责数学、语文等不同学科学习的"大脑"，以原地跑来显示大脑的活动情况。认真学习的学生越是用脑思考，扮演大脑的学生跑得越快；不思考时，扮演大脑的学生就停下来。我首先让认真学习的学生不停地识记、背诵，让扮演负责语文学习大脑的学生不停地跑，不久，那个扮演负责语文学习大脑的学生额头上就开始冒汗。我问他："你感觉疲劳吗？还能坚持吗？"他回答："很疲劳，想休息了。"然后，我又让认真学习的学生在不同的学习活动之间轮换，扮演负责不同学科学习大脑的学生也相应地跑或休息。通过这种方式，我将认真学习和疲劳的关系清楚地展示出来。学生通过这种具体形象的展示，真正理解了如何认真学习、合理用脑。

未必所有阶段的学生都需要这种形象化的设计，但是对小学生来说，很多东西需要通过具体的载体呈现出来。我创设的情境贴近学生的实际，学生自然容易理解，同时又借助直观的形象加深了学生对劳逸结合必要性的认识。在此基础上，我引导学生思考劳逸结合的方法，如适当休息、听音乐、学习不同的内容等，较好地达到了预期目的。

>>> 张锐·山东省临沂市罗庄区教育体育局

高三"非常规"班会课

在教学实践中,很多班主任在高三这个特殊时期上班会课更愿意选择"简单化"处理策略,班会课内容往往直指学生复习备考,在不同阶段进行学习方法交流与励志教育,针对学生容易出现的心理困惑进行指导;时间往往为一节课,地点固定为教室;较为多见的组织形式是班主任宣讲,学生被动倾听。然而,单一的教学目标与略显重复的组织形式很容易让学生产生倦怠心理,很难达到既定目标。因此,在学生复习备考的关键阶段,笔者尝试着适当打破班会课的时间、空间限制,设计多样的组织形式,以求班会课更有指导意义。

一、时间:从一节课到一学年

传统意义上的班会安排在一节课内,这样安排的好处在于可以集中处理班级事务,引领学生一周的学习生活;不足之处在于很难给学生长久的影响。故而,打破班会课的时间限制,将班主任的德育思想融入学生的学习生活中,形成长期的稳定的心理暗示,也是可以尝试的方向。

高三伊始,我以"给一年后的自己"为题,让每个学生给一年后的自己写一封信,然后将全班学生的信集中密封好,利用班会课时间大家一起将其埋在学校后山的一棵树下,并约定高考结束后一起打开。从教室窗口望去,学生们刚好能看到那棵树。当他们面对高考压力、成绩波动而感到惶惑时,我就会指着那棵树鼓励他们沉心静气、守护梦想。于是,这棵树成了学生心中的"圣树",因为这里埋着他们会开花的梦。这节班会课时间跨度为一年,从高三开始一直延续到高考结束,既有学生共同的活动经历,也有可以寄托情志的外物;既让学生感到新鲜,达到了"陌生化"的效果，又寓情于教，给学生枯燥的复习备考注入浪漫情愫。

我想，我们的班会课不一定要局限于一节课的时间，可以充分调动学生的积极性，巧妙利用学生学习生活的各个时间段，时时让学生内心闪烁着感动的火花。这样的班会课，就有可能走进学生的生命里。

二、空间：从教室到学校花田

高三下学期，随着高考的临近，学生的心理负荷不断加大，部分学生明显焦虑、浮躁，学习也进入"高原期"，不能深入。故而，我尝试将班会课的场地搬到广阔的校园里，给学生以新鲜感，逐步消除学生的不良情绪。

为了让学生感觉到自己的进步，我策划了"班级励志花田"班会活动。第一次模拟考试后，我利用班会课时间和学生在学校生物园的一块空地上共同种下一片波斯菊。当学生走出教室，共同整理土地、播种、浇水的时候，我能明显感觉到他们心中充满希望、充满力量。在高三复习最紧张、最困难的4月，不断有学生去给花田浇水、除草，我在花苗从发芽到抽枝的每个阶段都拍照留念，并不断鼓励学生。每天都在成长的花苗给了学生莫大的安慰，在第二次模拟考试后很多人都认为大局已定而懈怠的时候，我班学生仍然情绪稳定，踏实前进。高考前夕，所有的波斯菊都盛开了，这给了学生非常积极的心理暗示。最终，学生在高考中取得的好成绩证明了这次班会活动的成功。

班会课突破教室的空间局限，在更开阔的空间里开展，有利于学生放松身心。同时，学生看到变化的外物也能够得到积极的自我暗示，从而平稳度过枯燥的"高原期"。

三、形式：从"倾听"到活动体验

高三学生在长期的倾听中逐渐变得"百毒不侵"，"任尔东南西北风，我自岿然不动心"。故而，我们在设计班会课时不妨打破原有的固定的组织形式，多开展一些针对性强的活动，唤起学生的参与意识，真正达到师生交流情感、沟通思想的目标。

高三第一轮复习到中途时，我发现学生躁动不安，科任老师反映不少学生私下准备了厚厚的试题集自己复习，却不能按照要求完成课后作业。我和学生谈心时，学生说心里很着急，就想拼命地做题，时间不够，只好放弃老师布置的作业。这显然是因为学生不够信任老师，因而难以紧跟老师的步伐。在备战高考时，师生不能互信是大忌。学生如果学有余力，超前复习当然是好事；而如果当前内容复习不到位，盲目陷入题海，则会吃亏。据我分析，产生这种情况的原因主要有两点：一是学生与老师交流互动较少，有情感上的疏离；二是学生面对日益迫近的高考心中慌乱，又不相信老师，就会"病急乱投医"。

针对这一情况，我和班委商量后准备了"信任背摔"班会活动，邀请科任老师参加并和学生组成不同小组。活动时，在教室中间的空地上设置障碍物，要求学生蒙上双眼，听从同组老师的指示向前迈步，到尽头处，学生蒙着眼背对着两位老师，在同组老师下达指令后向后倒，那两位老师负责接住。起初，参与的学生畏缩着不敢按照指令做动作，在老师和同学们的鼓励下，终于放胆向后倒去，被两位老师稳稳接住后，班级响起阵阵掌声。这次活动后，学生终于领悟到，在高三备考时一定要相信老师，紧跟老师的步伐，这样才能走过障碍、少走弯路，最快到达终点。而班级师生之间的情感也在班会课后变得更加融洽，学生在复习时每有困惑都会主动找老师交流。

在学习紧张的时候，打破常规，组织张弛有度的班会课，既能使学生的情绪稳定，也能让学生的压力得到缓解，从而以良好的精神状态来复习备考。当然，班会课的组织形式还有很多。比如，可以放手让学生准备一节班会课，使他们能更好地体察自己当下的困惑，提出中肯、可行的解决方法；也可以开展小型辩论会，让学生敞开心扉，畅论天下事等。

高三"非常规"班会课，打破的不是班会课的德育功能，也不是班主任的德育理念，而是我们在烦冗琐碎的班主任工作中对班会课"简单化"处理的思想。教育就像一场历险，面对每届不同的学生，面对班级不同的情况，谁都不敢保证自己能够"故地重游"。所以，要带着发现惊喜的期待，突破班会课固定的常规，用心组织每一节班会课，这样，每一节班会课都会透着新鲜的活力，每一节班会课都会成为"发现之旅"，而丰富的想象力与充沛的情感会使我们的德育更容易走进学生的生命里。

>>> 宋海龙·广东省东莞市东莞中学松山湖学校

下篇
实践篇

解码"生命 = 1"

设计背景

进入四年级,我发现很多学生特别喜欢看一些魔幻类、探险类的书,谈论的话题也以电脑游戏、穿越电视剧、魔幻影片等为主。而且,学生在平时的交流、游戏中,开始模仿相关的言语、行为。这使我意识到学生面临的问题:在现代社会中,网络、电视等各种媒体充斥孩子们的生活,使得小学生对现实世界和虚拟世界产生混淆。一方面,他们能够感知生命的存在,能够体验生命带来的各种感受;另一方面,他们往往认识不到生命的基本特点,不明白或者不理解死亡的不可逆转性,对死亡缺乏应有的畏惧感。同时,有些学生对"死后复生"或"几条命"抱有幻想。为帮助学生树立正确的生命意识,进一步了解生命的价值,我组织召开了以"生命"为主题的班会。

教育目标

1. 能够区分真实生命与虚拟生命的不同。
2. 懂得生命只有一次,不可逆转。
3. 不受虚拟世界的诱惑,珍视自己的生命。

前期准备

1. 开展前期访谈,了解学生近期喜欢的话题的主角。
2. 让学生以小组为单位,通过查找资料、调查、访谈等分别了解小说人物、影视剧人物、电子游戏人物是如何产生的。

3. 根据学生收集的资料制作视频。

4. 让学生查找、收集与生命有关的新闻时事并改写成故事。

5. 让学生根据故事画情节画。

6. 制作相关 PPT。

班会过程

一、由学生日常生活中的现象引出主题

由班主任和小主持人以轻松随意的聊天方式开启班会。聊天的切入点是学生平时挂在嘴边的口头语"我死了""你被我打死了，重新玩"等。然后在交谈中引出班会主题"生命只有一次，生命 = 1"。

二、区分真实生命与虚拟生命

1. 游戏"寻找生命"

出示"寻找生命"游戏表，让学生用一分钟时间想一想、找一找、填一填。

"寻找生命"游戏表

只有一次生命的生命体	是在哪里找到的
不止一次生命的生命体	是在哪里找到的

学生在轻松愉悦的音乐声中以小组竞赛的方式参与游戏，从自己熟悉的环境中寻找、发现、梳理各种生命体。

在各组汇报时，班主任帮助学生梳理并板书在黑板上（见下表）。

两类不同的生命体

只有一次生命的生命体	是在哪里找到的
小猫	自己家
玉兰花	校园
喜鹊	小区
老虎	动物园
同学、亲人	身边
……	……
不止一次生命的生命体	**是在哪里找到的**
哈利·波特	《哈利·波特》系列丛书
汤姆猫	动画片《猫和老鼠》
吸血鬼	西方神话
若曦	电视剧《步步惊心》
僵尸、太阳花	游戏《植物大战僵尸》
……	……

引导学生通过对比发现、分析这两大类生命体的区别，从而意识到那些可以反复出现、可以重来、永恒的生命体只出现在影视剧、文学作品和电子游戏中。

2．虚拟生命是如何诞生的

请几个学生介绍这些虚拟生命是如何诞生的。

(1) 讲述故事《哈利·波特诞生记》

学生讲述 J.K. 罗琳是如何创作《哈利·波特》系列丛书的。故事讲述了"哈利·波特的原型是作者在火车站台上偶遇的一个小男孩""为创作这个人物作者写了大量的笔记，进行了长时间的积累""故事情节经过了反复的修改"等内容，从而使学生意识到书中神通广大、无所不能的主角是作者大胆想象、精心设计的结果。

(2) 观看纪录片《技术力量大》

本纪录片由师生共同制作。片中小演员以自己的表演经历向同学们讲述电影、电视中的特效是如何完成的。纪录片中借用动画视频演示了如何利用电脑制作动画片，借用电影拍摄花絮、片场纪实照片等展示了特效镜头的制作过程，从而使学生了解到那些搞笑的动画片中奇幻、惊险的画面，都是经过精心准备、反复排练，在幕后人员的帮助下并借助电脑技术完成的，拍摄完后还要进行复杂的后期制作。学生还了解到他们崇拜的许多英雄形象都是人为制作出来的。

(3) 现场访问："游戏人物为什么可以有几条命？"

班会邀请了计算机老师参加。在班会现场，由班里的游戏高手采访计算机老师："游戏如何制作？""游戏人物是如何产生的？""游戏人物为什么可以有几条命？""游戏的关卡如何设计？"老师的回答帮助学生认识到，一款游戏是一个团队成员合作的产物，需要故事情节、动画制作等。游戏中的人物、关卡都是虚拟的，是由创作人员、编程人员根据需要设定出来的，说白了它们就是电脑中的0、1编码的不同组合，这些数据可以无限次地重复生成。

班主任小结：听了同学们的介绍，我想大家都明白了吧，那魔法高超、大难不死的哈利·波特是作家用文字雕琢出来的；那些可以拉伸变形、无所不能的动画形象是用线条勾勒出来、电脑制作出来的；那些可以穿越来穿越去的电视剧里的人物只是演员借助镜头编织的美梦；那些打不完的僵尸是编程人员运用编程语言编出来的……总之，这些形象触不到、摸不着，更不可能出现在你的身边，因为它们是虚构的。

3. 对比真实生命，进一步明确虚拟生命与真实生命的不同

让学生观看视频《奇妙的动物世界》。

班主任总结：那展翅翱翔的飞鸟、那跃动遨游的鱼儿、那悠然自得的群兽那么鲜活、真实；还有，走到社区里看看我们的身边，路边乘凉的爷爷奶奶、蹒跚学步的婴儿、追逐嬉戏的同龄人……这色彩、这声音、这动作都实实在在出现在我们的生活里，让我们感受到生命的存在，而这些美好、真实的生命只有一次。

三、在真实的世界中，生命仅有一次

小主持人：那么，虚拟的生命就不能出现在现实生活中吗？难道我们就不能追求虚幻的世界吗？

1. 讲述真实故事

学生讲述真实的新闻故事：一个少年因为沉迷于游戏《魔兽世界》，渴望过游戏中的生活，导致厌烦真实的自己，最终选择跳楼结束自己的生命。

这名学生讲述后，其他学生分别展示自己根据故事情节创作的图画。音乐、图画、富于情感的讲述，帮助学生意识到追求虚幻生活可能带来的严重后果。

2. 师生交流

师：孩子们，咱们班也有很多同学喜欢玩电子游戏，你们能说说理由吗？

生：在电子游戏中我可以随意改变自己，选择自己喜欢的样子，穿自己喜欢的衣服，还能说平时不敢说的话，做平时不敢做的事。

生：在电子游戏中一步步通关，觉得特别刺激、过瘾。

生：在电子游戏里我可以找到很多好朋友，拥有坚不可摧的友谊。

生：在现实中我很普通，可在电子游戏里我特别厉害，很多人都特别佩服我，我觉得自己是英雄。

师：同学们，这下我能理解你们了。可是，让我们仔细想想，那样的世界仅存于显示屏中，只要点击一下"关机"，就足以让其消失。你们怎能将真实世界和虚幻世界混为一谈呢？

谈到这儿，我不禁想起了大家平时的口头语：当同学闹矛盾时，"打死你"会脱口而出；面对老师、家长的批评时，气呼呼地喊着"不活了"；学习累了的时候，大声喊着"累死了""烦死了"。我相信，绝大多数同学只是说说，并不当真。可有的同学却会用一些虚拟世界的行为方式解决现实的问题，这可就麻烦了，会造成怎样的后果呢？就让我们听听同学们的讲解吧！

3. 观看视频，对比真实生活

（1）游戏中的打斗场面

一些男孩子爱玩格斗类游戏，在游戏中攻击、杀死对手是一种胜利，被对方打死了也可以重新玩。可是在现实生活中，打斗的后果要严重得多：轻则造成身体伤害，重则致残，甚至会导致死亡。打斗还是一种扰乱社会治安的行为，严重的甚至会触犯法律。

（2）《步步惊心》中的穿越片段

剧中女主角若曦被电流击中后灵魂出窍回到古代，在那儿生活一段时间后又回到现代，在两个世界中活了两回。然而，经过科学论证，别说高压电，就是日常生活中220V用电都会致人死亡。如果人真的碰到高压电，在触电的一瞬间心脏会骤停，随后是肌肉细胞被电荷分解，人体会燃烧，从而死亡。

（3）《哈利·波特》系列电影片段

在魁地奇比赛中，哈利从那么高的地方掉下来，只是摔折了胳膊，而且他的胳膊一夜之间就长好了。可是在现实生活中，如果从高处坠落，因为巨大的冲击力，人的四肢和内脏器官都会受到损伤。然后给学生讲述北京奥运会开幕式彩排时舞蹈演员刘岩从舞台上坠落造成下身瘫痪、著名歌星黄家驹从舞台上跌落导致死亡的真实事例，让学生意识到从高处坠落的危险性。

对比之后，让学生谈感受。

班主任小结：可见，虚拟的生命和真实的生命截然不同。虚拟的生命说白了是一种思维、一种影像，永远不可能成为真正的生命。而真实的生命只有一次，生命＝1！

4. 齐唱歌曲《生命只有一次》

在学生形成正确认识之后，让他们齐唱歌曲《生命只有一次》进一步巩固认识，从而牢记：生命只有一次，不能重复。

四、拒绝虚幻世界的诱惑，把握真实的生活

小主持人：当我们认识到真实生命与虚拟生命的不同，意识到生命只有一次时，就一定要把握自己，坚决拒绝虚幻世界的迷惑。

就拿穿越剧来说吧，同学们喜欢那些明星，喜欢那些故事情节，会唱剧中的主题歌不可怕，可怕的是有人把故事当成现实，做起了穿越之梦。面对生活中的不如意，异想天开地以为穿越了自己就会变得无所不能；面对梦想，以为穿越了就能轻而易举地实现；面对一些困扰自己的问题，以为穿越了就可以逃避。在这种错误的认知下，一个个悲剧就发生了。

学生表演根据新闻报道改编的小品《消失的花季》。

小华和小美是好姐妹,她们都是12岁,她们之间无话不谈。

一天下课后,小华神色慌张地告诉小美她把家里卷帘门的遥控器弄丢了。小美赶紧安慰她,并帮她出主意。经过反复商量,穿越到古代的幻想出现在她们的脑海里。于是她们分别给家人写了一封信,然后一起跳进了一口两米多深的井里,家人发现时已回天乏术。

小主持人:小华和小美临死前抱着穿越的幻想,却不知当失去生命时,就永远失去了拥有梦想的机会。

班主任:(总结)的确,在现实生活中我们会遇到很多不如意的事情,也许学习的压力让自己感到力不从心,也许父母的期待总是难以满足,也许父母的要求总是难以达到,也许因为缺少朋友而感到孤独无助,也许对现在的自己感到不满却无能为力……这些事情会让我们感到痛苦、无助、孤单、自卑,但我们总能找到方法解决它们,只是我们不能把希望寄托于虚幻的世界,否则我们就将彻底失去一切。

同学们,在真实的世界里我们的生命是唯一的,正因如此,我们才珍视生命、尊重生命、敬畏生命、歌颂生命,才会演绎出一段又一段生命的华章。

汶川地震发生后,举全国之力支援灾区,救人高于一切,救灾高于一切,成为整个中华民族的共识。国旗为死难者而降,奥运火炬传递停止三天,设立国家哀悼日,这些做法无一不彰显着生命的价值和尊严。这是国家对每个生命的尊重和珍惜。

就在前些日子,杭州大巴车司机吴斌在行驶途中被一块从空中飞落的铁块砸中,导致其三根肋骨被撞断,肝脏被击碎。他强忍剧痛,用超人的意志力在几十秒内完成了换挡、刹车等一系列安全操作,确保了大客车上24名旅客安然无恙,而自己则因伤势过重献出了生命。在最危急的时刻,他把乘客的生命安全放在了首位,承受了常人难以承受的痛苦,完成了常人难以完成的动作,这是一个普通人对生命的捍卫。

同学们，这样的故事还有很多很多，它们一次次告诉我们：生命只有一次，在生命的历程中，我们必将体验酸甜苦辣，它们是生命的一部分。愿我们拨开虚幻的迷雾，把握真实的生命，让自己的生命焕发光彩！

>>> 于晓桓·北京市海淀区万泉小学

做最好的自己

活动背景

一直以来,我都把"让每一个孩子都成为幸福的人"作为自己的教育理想。

社会在变化,时代在发展,不同年代的孩子有着不一样的经历、不一样的追求。今天,我们面对的孩子有着鲜明的时代特色,他们往往更现实、更民主、更自我,更关注个人的生活质量,而对他人缺乏关怀,对社会缺乏责任感。社会主流观点认为,当代中学生的价值观念已从社会本位转向了个体本位。

从教育现状来看,形势也不容乐观。不管是从外部环境还是从内部状况来看,教育以生存竞争为导向的残酷现实不容回避。教育的功利行为愈演愈烈,不管家庭还是学校,对孩子最直接的教育往往都是趋利的。教育功利的根源不在教育,但在功利的教育面前,有些教育工作者眼中却没有孩子,没有人。

作为中学生理想、价值观教育的直接执行者,班主任应该结合学生的实际情况,为学生构筑一道信念的大坝,打开一扇理想的大门。这是每一个班主任义不容辞的责任。高中生的主流价值观应该是社会主义核心价值观,而社会主义核心价值观的核心是以人为本。要以人为本,首先就要引导学生认识自我、塑造自我、超越自我。"做最好的自己"主题就是基于这样的背景提出来的。

"做最好的自己"其实是一个很大的命题,因此我特意从理解幸福的角度设计了五个问题进行班级学生情况调查,意图从这个角度切入,让学生在"感悟幸福""体验幸福""创造幸福"三个板块的活动过程中提升自我意识，提高幸福指数，从而能以"做最好的自己"作为成长的标杆，在体验成功的过程中走向更大的成功。

活动准备：调查与反思

一、调查

1. 你认为自己是个幸福的人吗？为什么？

大部分学生感到幸福，因为拥有来自父母、老师、同学、朋友的关爱。
一部分学生感到幸福，因为快乐，因为健康。
有两个学生说幸福，因为活着：真实地存在，拥有生命就很幸福。
有两个学生说幸福，因为可以付出，因为被集体、家庭需要。
有一个学生说不幸福，因为没有懒觉可睡。
有一个学生说，不知道，如果开心等于幸福，那么，不幸福。

2. 你认为在你目前的生活中最令自己生厌的事有哪些？

近一半学生反映，最大的问题是时间的利用，学校管得太死，作息时间安排得太紧，起得太早，睡得太晚，学习太赶，没有属于自己的时间，可真的停下来，却又不知道该干些什么，学习很被动，生活特茫然。

接近四分之一的学生认为作业太多、考试频繁、排名次令人生厌，加上一部分学生对老师拖堂、考试失利、学习紧张、高考要求感到心里不舒服，他们的总数大致占全班的三分之一。

另有相当一部分学生对同伴交往中出现的一些玩笑、误会、欺骗、无助、冷漠、干扰感到十分不适，对班主任以及科任老师对自己的不当评价也耿耿于怀。

少数学生对学校制度提出了疑问，个别学生对家庭矛盾及父母的不当教育特别排斥。

3. 你目前最想做的一件事是什么？

超过一半的学生说想睡觉、想回家，或者就是想回家睡觉。三分之一的学生说想上图书馆、想静静地看看书，还有就是想看电视、听音乐、看漫画、踢足球、打游戏。还有四个学生，一个说要孝顺母亲，一个说就想做自己喜欢的事，一个说做完作业有属于自己的时间就好了，一个干脆说要环游世界。

4. 你感觉你在班里重要吗？为什么？

说"重要"的主要有以下几种。（1）挺重要的。因为我真实。（2）很重要。平时我很吵，少了我，他们会不习惯的。（3）非常重要。因为我负责全班同学在教室里的财产安全。（4）重要。因为我担任班级职务，要对班级工作负责；我可以给同学带来阳光、快乐；每个人都很重要；没有我，我同桌就没有同桌了；我每天都为同学服务；每个人都有自己的价值；没有我，高一（1）班就不完整，我是组成这个班的元素；班级卫生离不开我，同学们需要我。

说"不重要"的也有几种。（1）一般。不是很重要，可有可无。（2）不重要。因为感觉不到被需要；班级没有我照常转；多我一个不多，少我一个不少；我不能为班级争光；班级是由一个个渺小的人共同组成的，个人谈不上重要与否。（3）不太重要。因为不积极，没贡献。（4）不是特别重要。因为没有找对自己的位置，没有体现自己的价值。

5. 你怎么看待"5·12"汶川地震发生10天后就赶赴灾区进行心理干预的谢鸿瑾老师的行为？

所有人的回答都是肯定的、赞赏的，他们认为这种行为很伟大，应该给予极高的评价；认为这是善良的表现，是无私无畏的大爱，体现了教师最高尚的道德修养。

二、反思

调查是为了发现真实存在的问题。从调查结果可以看出学生基本上能感受到幸福，但是对幸福内涵的理解存在较大差异，大部分学生认为幸福只是因为拥有，只有极少数学生认为幸福是因为能够付出。这为我们的教育活动提供了依据。有一个学生说不幸福，因为没有懒觉可睡，我们可以将其理解为孩子气。而有一个学生说"不知道"，对此我们必须深入地思考。"如果开心等于幸福，那么，不幸福"，这个学生的话语方式告诉我们他的话是经过思考的，那就是"他不快乐"。为什么他会不快乐呢？对此我们的活动必须设计一个有针对性的环节。

活动目标

1. 结合学生的实际生活，帮助他们用积极的情感去认识自己，获得幸福的体验，让他们知道自信与快乐就是幸福之源，"做最好的自己"其实很简单。

2. 帮助学生学会处理个人与他人、个人与社会的关系，在重视个人权利的同时认识并清晰地说出自我价值所在。

3. 通过对身边人物事迹的观照，帮助学生获得思想启迪和道德感悟，从而提升个人的社会责任感、历史使命感，把"做最好的自己"作为一种价值追求。

活动过程与反思

第一板块：感悟幸福——用积极的情感去营造生活

1. 故事导入：你能帮帮这位老太太吗？

有一位老太太，大儿子是晒盐的，小儿子是卖伞的。老太太总是发愁：下雨天为大儿子担心，晴天为小儿子担心。你有办法让这位老太太天天都感到高兴吗？

学生回答：可以这样跟她说："您真有福气，晴天您的大儿子赚钱，下雨天您的小儿子赚钱。"

小结：对事物的不同评价会产生不同的情绪，因此，要学会用积极的情感去营造生活。幸福其实很简单，一个人只要拥有积极的心态与情感，就能感受到幸福。

2. 教师：虽然大家基本上感到现在的生活很幸福，但是每个人感到幸福的理由是不一样的，而且尽管感到幸福，但还是有那么多"令人生厌"的事围绕在我们身边。那么，我们能用什么办法驱赶不愉快，让"令人生厌"的事变得使人幸福呢？

投影出示调查结果分类图表，请学生对其中一到两个普遍关注的问题展开讨论，研究对策。

讨论应结合学校的生活：早锻炼、做操、学习自己不感兴趣的学科、属于自己的自由空间越来越小、同学相处、师生关系、与父母的沟通，等等。

小结：改变我们能改变的，可从个人心态、思维角度的变换出发思考。

3. 反思：其实我们每天都要做的某一件事往往是有必要的。当我们做得不太好甚至不像样的时候，我们要做的不是否定事情本身，而是改变我们对待这件事的态度。从"令人生厌"到"使人幸福"，其实只有一步之遥，那就是引导学生从"要我做"走向"我要做"。

第二板块：体验幸福——从自我关怀走向人文关怀

1. 教师：在"你感觉你在班里重要吗？为什么？"这项调查中，有感到重要的，也有感到不重要的。我很喜欢同学说"挺重要的""很重要""非常重要"，语气是一个比一个强烈，信心是一个比一个坚定。我也喜欢同学说"少了我，他们会不习惯的""没有我，我同桌就没有同桌了"，这些话读着也让人感到舒坦。那么，你们知道在这么多调查结果中，哪一条是让老师感到又惊又喜的呢？

学生议论："感觉不到被需要！"

2. 教师：惊的是你感到自己不重要，喜的是你是因为不被需要而感到不重要。其实，存在的就是被需要的。被需要是自我价值的实现，我们的同学其实已经超越了一般意义上的物质追求，进入了精神领域的追求。

学生思考讨论：如何认识班级值日生工作？

例如擦黑板，谁最应该对擦黑板提要求？老师、同学、值日生自己。（将承担普通的责任变为追求自我价值的实现）

3. 反思：人文关怀的核心是以人为本，作为独立的个体，我们"自己"是首先应该被观照的，也就是以己为本。这里的"以己为本"我们不妨称为"利己"。一个人品德高尚与否，在很大程度上取决于从"小我"走向"大我"的里程。"利己"是"小我"，"利人"是"大我"。里程越长，离"小我"越远，人就越高尚。但人再高尚，出发点也往往在"小我"，在利己。我们不一定做得到"毫不利己，专门利人"的大善，但是我们可以从利己出发走向利人，实现自我价值。真正的利己一定是利人的。从社会文化心态的角度来说，我们说话办事应当多从利人的立场出发，但是我们心里要明白，利人和利己应该是统一的，这样做事时就会保持心理平衡，就会乐此不疲，就会为他人所需要，自然就能收获幸福。

第三板块：创造幸福——让大爱充溢青春岁月

1. 导入：她是两岁女孩的妈妈，她是国家二级心理咨询师，她是我们学校的老师，在2008年5月12日那场大地震袭来后，她选择成为一名心理危机干预志愿者，在第一时间奔赴灾区。她只有一个想法：用自己所学的专业，帮助更多的人。她就是我们的科任老师谢鸿瑾老师。

播放无锡教育电视台采播的视频《千山万水，让爱飞翔——记赴四川地震灾区心理干预志愿者谢鸿瑾》。

2. 教师：虽然之前我们都知道谢老师的事迹，但对当时的许多情况却不清楚。有同学在之前的调查中说："如果我有能力，我也会跟谢老师一起去。"看完视频，知道了过程是那样的艰难，现在你还能那样说吗？

（学生谈感受）

3. 学生交流：谢老师是个幸福的人吗？为什么？

可以与大部分学生对幸福的理解进行比较，从而提升学生对幸福内涵的理解：什么是大爱？只有拥有大爱，才会有大幸福。

4. 学习体悟：分享学生听完谢鸿瑾老师的报告后撰写的文章。

5. 结束语："风声雨声读书声声声入耳，家事国事天下事事事关心"，东林书院久远的呼声，依然激荡在太湖之滨、古运河畔。翻检校史，可以发现早在1927年学校颁定的"十大训育标准"中就有"涵养至公廉洁之节操，激发舍身为国之精神"。这种"至公"和"舍身"的精神，和今天学校倡导的"大爱无疆，大智有道"的大爱，不正是一脉相承的吗？在灾难面前我们感受到了生命的可贵，知道了善良的意义，拥有了悲悯的情怀。我们相信，让大爱充溢我们的青春岁月，这样的我们就是最好的自己！

6. 反思：幸福的内涵有很多，比如，拥有健康的体魄、阳光的心态、进取的精神；充满自信，微笑面对他人；爱读书，拥有自己的青春"经典"；懂得以极大的善意去对待身边的人；保持最初的纯真，享受生活，享受学习；等等。幸福的内涵太丰富，我们无法一一述说。但非常明确的是，物质的满足只是个体生存的基础而不是全部，人生的幸福不在于财富的多寡。当大爱和善意成为我们处世的语言时，我们的心灵就会充满阳光，我们的胸怀就会变得博大。

什么样的自己才是最好的自己？我们不需要结论，只需要努力。

>>> 钱志惠·江苏省锡山高级中学

内诚于心，外信于人

背景分析

2017年4月13日上午，我接到一个特殊的电话，电话是通过学校发展处转到我这儿的，来电者询问我班有没有一个叫罗某某的学生，说他捡到了该生的钱包，里面有身份证和学生卡，他是通过学生卡上的信息找到学校的。由于前一段时间各班都出现过冒充学校名义给家长打电话说孩子报补习班或受伤急需要钱的诈骗电话，很多人认为这个电话是假的，不太可信，但又怕是真的，耽误学生的正事，所以学校要求我酌情处理一下。

我第一时间去班里了解情况，得知罗某某确实把钱包弄丢了。于是，我就和那位来电者联系，他本来打算亲自来学校送一趟，但是由于急着外出开会，没时间送，他说如果是我们的学生，他就通过快递将钱包送到学校，让孩子别着急。我希望他留下姓名和联系方式以便当面谢谢他，他说急着赶火车就把电话挂了。当天下午我就收到了快递。

当时我就想，好心人做一件好事，为什么就那么难呢？

随着信息化的不断发展，各种虚假信息、广告和诈骗，充斥在我们周围，让越来越多的人感觉到公民道德底线在不断地滑坡，进而对社会失去信心，对自我放松约束，结果必然会造成人与人之间的冷漠。其实，诚信问题自古以来就是人们关注的道德问题，现在的社会问题与以往相比并不少，只是经济的快速发展让人多了一分警惕，少了一点儿真诚。其实，诚信环境的形成取决于每个人对诚信所持有的态度。

我觉得对当代高中生的诚信教育，首先要让学生对国家、社会、他人产生信任，进而才能培养他们的诚信。这件事就是一个很好的契机，它能让学生真切地体会到诚信就在我们周围，增强学生内心的信任感；能让学生明白勇于担当、恪守诚信的重要性，真正理解"内诚于心，外信于人"，认识到每一个人都应该以积极的态度面对社会问题，都应该成为净化社会风气的践行者。所以，我准备以这件事为切入点召开一次主题班会。

班会目标

1. 通过发生在身边的真实事情，让学生体会到诚信就在我们周围，以增强学生内心的信任感。

2. 通过交流讨论，让学生意识到诚信环境的形成取决于每一个人对诚信所持有的态度，让学生更多地关注社会主流风气，真正成为诚实守信的践行者。

3. 通过探讨不诚信行为发生的根本原因，让学生体会内诚于心的基本内涵；通过对王亚平和宋玺事迹的交流分享，让学生真正体会要外信于人，先要内诚于心，不忘初心，坚守本心。

4. 让学生学会将诚信融入日常生活中的每一件小事，养成"诚信待人、诚信处事、诚信学习、诚信立身"的良好习惯。

班会准备

1. 召开一个小范围的班委会（班长、团支书、组织委员参加），调查了解他们对社会诚信的看法和认识。通过调查，了解到学生普遍存在两种认识：一是社会的诚信度在降低，所以自己遇到事情时会选择理性分析，不轻易相信他人；二是自己愿意做一个有诚信的人，但是要做到事事都有诚信有时挺难的，有时真的会有些小私心。布置任务让这几个学生提前想一想：社会上不诚信现象发生的根本原因是什么？中学生应该如何践行诚实守信？

2. 向语文老师借用第二天的晨读（第二天没有班会课，从7点15分学生到校到8点上第一节课之前大概有40分钟时间）。

3. 和语文老师商量确定班会的切入点和主要框架。

4. 准备班会 PPT，在网上寻找当代典型的诚信事例，选出三个有代表性的事例。

刘美松：以社会诚信为主要内容的事例。

徐砺寒：诚信中学生的事例（2012年江苏省高考作文曾以此为题，有的学生知道，在班会过程中举了这个例子）。

孙水林：信义兄弟，感动中国人物（因为其事迹离学生较远，在班会过程中最终没有出示）。

5. 搜集实际数据（比如"3·15晚会"曝光的不合格产品占比），证明诚信其实还是社会的主旋律。

6. 让班长准备谈一谈"经纬信仓"的创办历程以及收获、感想。

7. 选择一些当代年轻人不忘初心、坚守本心的事例。

8. 准备视频材料（2013年《开学第一课》王亚平的演讲《有梦就有动力》，宋玺上《渴望现场》节目兑现对战友的承诺）。

班会环节

一、情境再现：一个陌生的来电

师：昨天早上我接到了这样一个电话："你们学校有叫罗某某的学生吗？我捡到了他的钱包，里面有身份证和学生卡。"（用 PPT 出示）

师：孩子们，如果你遇到了这个问题，会怎么处理？

生：（没等我说完）老师，您不用教育我们了，我们知道是假的，我们不会上当的。

师：（追问）你判断的依据是什么呢？

生：钱包里又没有联系方式，对方怎么知道您的电话号码呢？

师：分析得有道理，说明你的警惕性很强，很好。大家都这样想吗？

生：可能是真的。

师：（追问）为什么呢？

生：因为捡到的是钱包，而且没说让您汇款，可能是真的。

师：（总结）遇到事情时，大家没有盲从，而是进行了理性分析，这很好。

（然后教师当即做了调查："相信这是真的，举手。""觉得这是假的，举手。"结果有一半以上的学生觉得这不可信。）

［设计意图］让学生在真实的情境中讨论问题；调查学生对社会诚信的认可度，为后面的讨论做准备。

二、抛出问题：一份特殊的快递

（教师出示实物，让失主当众打开快递，清点物款，结果一点儿都没少）

师：孩子们，你们知道它是怎样递到我的手里的吗？

（教师介绍事情的经过，强调那位捡钱包的叔叔自己垫付快递费，而且在再三请求下也没留下姓名和联系方式）

师：做一件好事为什么那么难？为什么那么多人不愿意相信呢？

（学生分小组讨论并阐述观点）

生："毒奶粉"事件、"瘦肉精"事件、"染色馒头"事件……社会上不诚信的事情太多了，大家的警惕性增强了。

生：生活中的一次次失信事件，使大家内心的信任感逐渐丧失，人心开始变得冷漠多疑。

生：诚信的缺失，让人们的信任感丧失了。

师：（总结并提出问题）通过同学们的分析，大家认为外部环境的变化正在影响我们内心的判断。那么，诚信真的在缺失，道德真的在滑坡吗？

［设计意图］通过小组讨论，找到学生选择不信任的根本原因——外部环境的变化影响了他们内心的判断，为后续从根本上解决问题做铺垫。

三、分析问题：诚信真的在缺失，道德真的在滑坡吗

（教师介绍事例1：222张欠条的诚信实验）

刘美松通过这次疯狂的实验，寻找中国社会中的诚信，也见证了社会的真实一面。这是刘美松做过的最疯狂的事：一个人，不带一分钱开车上路，用100天时间周游全国。要用钱怎么办？打欠条。"相信我，过几天就还。""这是我的身份证，真的，到家就把钱打到你的账上。"一路上，他向每一个陌生人承诺，期望用诚信打通前方的路。这是个看似不可能完成的任务，也是一场近乎疯狂的行为艺术。最终他成功了。100天里，他北至漠河，南至三亚天涯海角，东抵山海关，西经嘉峪关，足迹遍布31个省、市、自治区，总行程28510公里，共打下欠条222张，金额达48272元。他说："我愿意用我所谓的冒险之旅，来证明我们的社会诚信仍在。"

（教师出示问题：为什么说这是一次疯狂的实验？他的成功说明了什么？）

学生交流讨论。

生：这个实验需要的不只是勇气，重要的是要让陌生人相信自己——全社会的观念几乎都是不要和陌生人说话，而他还要向陌生人借钱。然而，他的成功见证了社会的真实一面，证明社会诚信是存在的。

生：不是每一个人都会选择信任，因为很多人根本不拿诚信当作一回事，透支了太多好心人的信任，导致人们普遍用不论真假，一律视作假的这种心态来对待一切的现状。其实他的成功也是在向别人积极地传递正能量。我想很多借给他钱的人在拿到钱的那一刻，一定是感动的，一定是对社会多一份信任的。

……

师：（总结）222张欠条、一次大胆的实验，不仅仅证实了社会诚信的存在，更重要的是唤醒了人们"麻木"的内心。信任是一种选择。面对问

题,你会做怎样的选择?

(教师介绍事例2:2016年"3·15晚会"曝光的不合格产品占比)

国家食品药品监督管理总局本周在全国抽检了食用油、油脂及其制品、肉及肉制品、水果及水果制品、炒货食品等6类产品918批次。检验项目合格的产品910批次,不合格产品8批次。

国家质量监督检验检疫总局产品质量监督司司长梅建华说:"今年,第一批国家监督抽查共抽查了1411家企业生产的1447批次产品,检出116批次产品不合格,不合格产品检出率为8%。此次抽查共涉及25种产品,其中轮滑鞋、电源适配器、防爆电器、电烤箱及烘烤器具等7种不合格率高于10%。"

国家质量监督检验检疫总局2015年对跨境电商渠道进口的儿童用品质量进行了抽检,总计抽样654批,检出不合格217批,不合格率为33%。其中,进口玩具存在小零件容易导致儿童窒息等问题,涉及品牌包括小泰克(little tikes)等。进口儿童服装不合格29批,存在服装绳带配件容易导致儿童窒息等问题,涉及品牌包括阿路和如(allo&lugh)等。

(教师出示问题:你的关注点在哪里?在"缺失"吗?)

生:我们要关注8%、10%的不合格产品,因为只有正视问题,才能解决问题。

生:我们也要关注90%以上的诚信商品,因为这说明了社会的主流风气。我们只有相信社会的正能量,才能传递正能量。

师:(总结)诚信在中国社会发展的历程中从来没有断流过;诚信就像一阵春风,让人向往。在现实社会中,你固然应该有警惕的眼睛、理性的思考,但如果过于警惕,就会给自己戴上沉重的枷锁。社会上还是善良的人多,如果你敞开胸怀,诚信待人,社会也一定会以诚信回报你。自己越诚信,赢得他人诚信回报的概率就会越高。人们都希望生活在一个诚信无欺的环境中,却不知诚信环境的形成取决于每个人对诚信所持有的态度。

[设计意图]这两个事例是从不同的角度选择的,一个是个人层面的

诚信问题，一个是社会、企业的诚信问题。通过出示真实的事例和数据让学生全面看待问题。一方面，了解社会上确实存在不诚信的现象；另一方面，也要体会这个社会从来没有缺失过诚信，关键在于我们选择关注的角度。我们要关注社会的主流，多宣传、倡导正面的价值观。

四、故事分享：说说我们身边的诚信故事

生：江苏省扬州大学附属中学学生徐砺寒在骑车上学途中不小心碰坏了一辆宝马车的后视镜，他在原处等待了近半个小时后，留下一张表达歉意和联系方式的纸条，表示愿意承担责任。受损车主知情后深受感动，当即放弃索赔。当地一家汽车修理公司获悉后，表示愿意免费修理受损车辆。

生：（早新闻上报道的事）一位六旬大妈乘坐60路公交车时，因公交卡内余额不足而身上又没带零钱，上车后表示次日会补票。次日上午，这位六旬大妈专程赶到60路公交车所在的车队，等候一个多小时后，亲手将一元钱投放到曾乘坐的60路公交车的投币箱里。"我说了要补票，就一定会做到。"这位六旬大妈以自己的实际行动对诚信做了很好的注解。

班长：（介绍"经纬信仓"）我校"经纬信仓"自运营以来诚信度一直在95%以上，有时会达到100%。在平时补货时我看到过有些同学一时口渴又恰好没带零钱，纠结了一下取走了一瓶水。但是放学后也会有同学特意跑过去，把曾经买水未付的一块两块补上。

（介绍诚信雨伞的曲折经历）夏秋交替，几场大雨突降北京。这几场雨来得恰逢其时，诚信雨伞刚刚设立就能投入使用。这几场"及时雨"让诚信雨伞在短短的一个课间就被一扫而空。看到诚信雨伞有这么大的需求量，我们"经纬信仓"的小伙伴们别提多高兴了！然而，我们高兴得实在是太早了。第二天我们在统计诚信雨伞时，发现将近一半的雨伞都没了，当时大家心里就咯噔一下，全傻眼了。最初我们并没有过于失望，可能是同学们忘还了吧？但是过了许多天，仍有很多"孩子"没有回家，我们真的受到了不小的打击。我们分析得出了这样的结论：①诚信精神没有扎根

于每一位同学心中，"信仓"成员通过观察发现部分同学完全不具备诚信素养，他们拿完伞或水就走，根本不签字、不付钱；②高一新生对"信仓"项目并不熟悉，他们的诚信素养也需要提高。找到了问题，我们就开始着手解决。第一个问题非常棘手，我们再次关注"信仓"的宣传工作，这次宣传工作主要是针对高一新生。高一同学对"信仓"近乎一无所知，所以这次宣传工作要做得更全面。我们即刻投入了"信仓"的宣传工作。在新一轮微信宣传、"国旗下讲话"宣传后，"孩子们"陆续回到了"信仓"之家，诚信精神留在了每一位师生心中。

班长：（总结）通过这件事，我发现大家的诚信意识是有的，有时是我们的宣传引导不够，关注不够。我觉得我们每一个人都应该信守承诺，积极地宣传诚信，这样才能让越来越多的人积极践行诚信。

[设计意图]班长是"经纶信仓"的创始人，是校社团联合会主席，有一定的语言组织能力和逻辑思考能力。有关"信仓"的故事是发生在学生身边的事情，所以班长的发言很有感染力，也很能引发学生的共鸣，能让学生真正体会到诚信就在我们身边，我们可以通过自己的努力成为诚信的践行者。

五、交流讨论：内诚于心，才能外信于人

说一说：你身边有没有不诚信的事情？你是怎样想的？

学生举例：共享单车"私有化"、恶意透支信用卡、抄作业、考试作弊。

引导学生通过说一说体会对社会、对他人的诚信，既是一种社会道德规范，同时也是对自己的一种道德要求、道德约束。这种道德约束的力量主要来自内在的精神信仰，即诚信在于心，不诚信的本质是丧失了内在的精神信仰。

思考：中学生应该有怎样的精神信仰？

播放视频：2013年《开学第一课》上女航天员王亚平的演讲《有梦就有动力》；中央电视台《渴望现场》节目中宋玺兑现对战友的承诺。

师：（小结）诚信就是认真用心地对待自己所追求的事业。
自我剖析：诚信从我做起。

我在_____方面做到了诚信，我为自己的正直感到骄傲，并将会在_____方面做到问心无愧，做一个堂堂正正的中学生。

[设计意图] 王亚平和宋玺的事迹，一个是英雄人物的家国梦想，一个是当代大学生的人生选择。选择她们两个人的事迹是想让学生体会诚信就是对自己内心渴望的不断追求，诚信是看得见摸得着的，是我们可以做到的，诚信于每个人而言就是对社会、对他人有帮助，从而让学生意识到自己也可以成为一个诚信的人。

师：（总结）现在社会上骗子确实很多，不诚信的问题也层出不穷。不过，我觉得我们在接到电话时，一方面要理性分析，防止上当受骗；另一方面也要对社会、对他人抱有善意，给予信任。如果每个人对社会都抱有善意，社会就会回报我们美好，社会风气好了，人心头的雾霾就少了。我们每一个人都要做社会优质空气的制造者，这样我们就是一个对社会真正有用的人。

班会后延伸活动

1. 语文课上语文老师让大家围绕诚信问题进行探讨，并以"诚信"为题布置了一次作文。
2. 在学校"经纶信仓"负责人的倡议下开展了班级信仓活动。
3. 与学校"美德少年"评选相结合，开展了"诚信待人、诚信处事、诚信学习、诚信立身"班级倡议活动。

班会反思

这次班会的主要成功之处，就是把握住了教育的契机。关于社会主义核心价值观教育的主题班会之所以很难开展，在很大程度上是因为话题笼统，难以引起学生的共鸣。而本次班会的切入点是刚刚发生在我们身边的小事、真事，很容易引发学生讨论的兴趣。而且本节班会课选择的生成点是让学生去感受真实的社会、真实的人。引导学生从不同的视角思考问题，让学生感觉到自己能成为一个诚实守信的人，恰好符合中学生向善、向上的追求。班会的最后落脚点选择了内诚于心，让学生思考自己想成为什么样的人。这也是班级一直倡导的方向，容易引起学生的共鸣。

>>> 吴爱兄·北京市陈经纶中学

小肩膀，大责任

班会目标

现在的孩子大多数是独生子女，集万千宠爱于一身，不少从小娇生惯养，事无巨细全都依赖家人，缺乏责任心。针对这一现状，本节班会课旨在通过真实的故事，让学生理解责任的含义，在创设的情境中教会他们承担责任的方法和技巧，帮助他们解决班级学习、生活中所遇到的困惑，使每个学生都敢于承担肩上的责任，成为名副其实的班级小主人。

班会过程

板块一：在典型故事中理解责任

1. 听故事，知责任

师：同学们，2012年5月29日，一位普通的大巴车司机用自己宝贵的生命和高度的责任心换来了24名乘客的安全。生命最后时刻的一连串停车动作成为他一生中最美的姿势；"你们不要乱跑乱走，因为车子还在高速公路上"，这句朴实的叮嘱是人世间最美的声音。让我们再来回顾一下《开学第一课》中最美司机吴斌的感人故事。

（1）播放视频《最美司机吴斌》。

事件内容概述：杭州一名普通的大巴车司机吴斌开车行驶在高速公路过程中，被突如其来的铁块砸中腹部，忍着剧痛，凭着顽强的毅力，他完成了一系列完整的停车措施，确保了车上24名乘客的安全，而他却献出了自己宝贵的生命。

（2）交流讨论。

①当重达 7 斤的铁块像炮弹穿透挡风玻璃重重砸在吴斌的腹部时，他的第一反应是什么？他为什么这么做？

②吴斌离开了深爱他的女儿和妻子，女儿和妻子会理解他在生命最后一刻的抉择吗？

③你觉得吴斌是个怎样的人？

（学生讨论内容略）

师：吴斌一辈子在自己的岗位上恪尽职守、默默奉献，直到生命的最后时刻仍坚守岗位、履行职责。同学们，讨论到这儿，你们是否懂得了责任是什么？（学生交流内容略）

（3）概括揭题：责任就是分内应做的事。

【设计意图】《开学第一课》讲述了最美司机吴斌的故事，他在岗位上最后的坚守和超凡的壮举深深打动了我们每一个人，他用行动诠释了人间大爱与生命价值。我想，这不是教育学生肩负起责任的最好范例吗？当课上重温吴斌的故事时，学生们依旧泪流满面。通过讨论交流，学生清晰、深刻地认识到吴斌在生命最后一刻的抉择是职责使然，对责任的认识也就了然于心了。

2. 拓展延伸，悟责任

师：像这样坚守岗位、尽心尽职做好分内工作，带给人们感动的人与事很多。老师搜集了三则具有代表性的故事，请同学们选择其中一个在小组内讨论交流。

（1）诸葛亮鞠躬尽瘁，死而后已，以克复中原为毕生责任，六出祁山，两朝开济老臣心。

讨论题：从哪里可以看出诸葛亮身为臣子，毕生尽心尽职辅佐君王？

温馨小贴士：责任就是鞠躬尽瘁，死而后已。

（2）在外国，一个小男孩踢足球时打碎了邻居家的玻璃，父亲要求他对自己的过失负责。一年后，小男孩通过艰辛的打工偿还了赔偿邻居的钱。

讨论题：小男孩最值得敬佩的地方在哪儿？

温馨小贴士：责任就是勇于承担自己的过错。

（3）2009年6月30日晚8时许，张明宝酒后驾车，沿途先后撞倒9名路人，并撞坏路边停放的6辆轿车，造成5人死亡（其中一名为孕妇）、4人受伤的特大交通事故。

讨论题：张明宝酒后驾车是对谁不负责任？带来了怎样的严重后果？

温馨小贴士：对他人负责就是对自己负责。

（学生讨论内容略）

师：古今中外所有令我们钦佩的人，都坚守自己的岗位，矢志不渝。他们为自己的人生画上了圆满的句号，也为这个世界留下了一笔笔可贵的精神财富。同学们，你们认为这些精神财富是什么？

（学生说到了让社会更和谐美好，把文明传承下去，让社会秩序井然，让我们成为有勇气、敢担当、脚踏实地、值得尊重的人，等等）

【设计意图】这三个小故事是《最美司机吴斌》的补充延伸。我从不同的角度选取这四个故事：古代与现代、中国与外国、正面与反面。故事中的主人公在社会上扮演着不同的角色，承担着不同的责任。通过这四个典型的故事，让学生更深刻地感悟责任的重要性，明白为什么要承担责任。

板块二：在班级岗位中体验责任

师：同学们，社会上不同的岗位有不同的职责，医生的职责是——救死扶伤，军人的职责是——保家卫国，教师的职责是——教书育人，法官的职责是——公正判案……我们的班级就是一个小小的社会，同学们在班级中也有各自的岗位，担负不同的职责。

1. 小岗位，大作用

师：同学们每天都坚守在自己的岗位上，尽心尽职地做好各项工作，为班级出力。

（出示照片：科代表带领同学们早读，体育委员带队外出上课，科代表收发作业本，值日生认真打扫……）

师：其实，我们的班级岗位远不止镜头中的这些，你还能说出几个吗？

（学生交流内容略）

2. 分享酸甜苦辣

师：班级中的每个岗位都那么重要，同学们在各自的岗位上一定会遇到一些令自己印象深刻、难忘的事，让我们一起走进《实话实说》节目，分享工作中的酸甜苦辣。

《实话实说》主持人：同学们都有班级服务岗位，在完成分内工作的过程中一定有收获也有烦恼。今天我们畅所欲言，说说自己工作中难忘的事、难忘的感受。

（学生说到有时候会被误解，有时候会放弃休息时间，有时候要有战胜自我的勇气，有时候要牺牲个人利益服从集体安排，等等）

《实话实说》主持人：同学们，只有每个人在各自的岗位上担负一定的责任，才能使我们这个班集体和谐向上。其实"在我们为别人负责的同时，别人也在为我们负责"。

3. 责任大家谈

师：同学们，联系我们在班级岗位上的付出，你觉得责任是什么？

（出示：责任是——）

（学生交流内容略）

师：（小结）我们从小在班级岗位上做一个尽职的人，长大后无论在什么岗位上，都能做出自己的一份贡献！

【设计意图】学生对责任有了深刻的认识后，还应让学生进一步意识到班级就是一个小社会，每个人在班级中都有自己的岗位，"责任"就在身边。在交流中让学生明白班级岗位的重要性，并通过《实话实说》形式的讨论，让学生明白作为班级的一分子就应勇于担起肩上的责任，在班级这个小社会中成为一个工作认真、脚踏实地、勇于承担责任的小公民。

板块三：在行为辨析中强化责任

师：那么，怎样才能做到在自己的岗位上承担应尽的责任呢？让我们一起走进两个熟悉的情境。

情境1：今天早读，语文老师要检查课文背诵情况，同学们都在加紧背书。小红同学还没有完全背熟，但他还是去打扫卫生包干区去了。小兰同学提醒他："老师要检查背书呢！"小红说："打扫卫生包干区是我的岗位职责呀！"

讨论：如果你是小红同学，遇到这种情况该怎么办呢？

情境2：中午，刮了一阵风，一些树叶落在我们班级的卫生包干区里，被小林、小李和小超看见了。小超说："我们赶快把落叶扫掉吧！"小林说："今天又不是我值日，不关我的事。"小李说："也许落叶还会被风刮到其他班级的包干区去，用不着我们自己扫。"

讨论：三位同学的做法谁对谁错？为什么？

（学生讨论交流内容略）

师：（总结）同学们，让我们在心中播下一颗责任的种子，做好自己负责的每一件事。这样，你小小的肩膀上不仅能承担一份责任，更能感受到这一份责任中的幸福、快乐，就让我们一起用小肩膀扛起大责任。最后让我们在这首《责任》的小诗吟诵中结束本节班会课。

挂在嘴上——不如记在心上，

记在心上——不如扛在肩上，

它不一定——能使你的前途灯火般辉煌，

但一定会——给你一份厚重的人生礼物！

【设计意图】仅仅让学生明白责任是不够的，课堂上创设的两个两难情境旨在教给学生行之有效的方法和技巧，帮助他们解决坚守岗位时所遇到的困惑。最后，通过吟诵启迪人心的小诗《责任》，在学生的心中播下一颗责任的种子，助力学生收获精彩的人生。

>>> 秦飞飞·江苏省海门市东洲小学

同伴的讲述更能触动学生的心灵

一、班会前的想法

1. 关于班会主题

在和家长谈话的过程中,我了解到许多学生和家长缺乏沟通,主要表现为学生不听家长的话,回家后把房门一关,家长不知道他在里面做什么,问作业、成绩情况他都不肯说。于是我选择了"感悟父母的爱,学会沟通"这个常见却永恒的话题。

2. 关于班会形式

以往我也开过很多主题班会,形式大都是事先安排好的,有唱歌、小品、朗诵等,就像一台小型晚会。不能说这样的形式不好,但我总觉得那是事先安排或者彩排好的节目,拿出来表演一下,缺少学生思维碰撞的火花和心灵的触动。我想有点儿突破,于是决定这次班会由自己主持,这样内容也能由自己掌控。

3. 关于班会准备

我没有让学生做准备,在进入班会主题之前学生不知道我要讲什么。我的 PPT 的题目是"感悟爱与被爱",估计学生一开始以为我要讲早恋。我没有写出父爱、母爱,是怕事先告诉学生这节班会课的真正主题,会对后面他们的讨论形成干扰,影响效果。

我准备了两个有趣的问题、三个故事、一段视频、一份调查问卷。我选的故事都是第一次阅读时就给我极大震撼、让我的心情久久不能平静的。我追求真实的效果。

二、班会过程的设计与实施

班会和文化课一样,有引入,有情景设计,有一条主线。但我不能一个人讲大道理,关键是要把问题设计得能够引发学生思考。我把准备的材料做成 PPT,让学生随着 PPT 的播放在心里默读,进入角色。

两个有趣的问题:引入爱之主题

问题 1:她是妙龄女郎,有一张可爱的瓜子脸,大眼睛,白皮肤,身材曼妙,他非常爱她。不幸的是,一天她遭遇车祸,脸被严重烧伤,留下满脸难看的疤痕。你认为他会一如既往地爱她吗?

  A. 会   B. 不会   C. 也许会

问题 2:他是商界精英,聪明,有修养,受过良好的教育,英俊潇洒,她非常爱他。不幸的是,一天他破产了,身无分文。你认为她会一如既往地爱他吗?

  A. 会   B. 不会   C. 也许会

一看这两个问题,人们直觉上往往会以为是情侣之间的爱情,三个选项都会有人选。之后,我设定第一个问题中的"他"是父亲,第二个问题中的"她"是母亲,大家便几乎全部选 A。这就说明父母对孩子的爱是无条件的。

设计这个环节的主要意图是引出主题——感悟父母的爱。借助这两个有趣的问题让学生自己思考比讲大道理效果好得多。

第一个故事：呼应爱之主题

出示有关动物母爱的故事，与前面得出的结论相呼应。

云南日记

2009 年冬至 2010 年春，云南遭遇特大旱灾。驻军从很远的地方运来饮用水，分配给每人每天 3 斤水。

一天，一头憨厚的老牛渴极了，挣脱缰绳，强行闯入运水车必经的公路上。终于，运水的军车来了。老牛以不可思议的方式站立在公路当中，拦下了军车……老牛与军车僵持了很久，不肯挪步。主人来了，恼羞成怒地抽打着瘦骨嶙峋的老牛。老牛皮开肉绽，哀哀叫唤，还是不肯让开。老牛的凄厉哞叫，在大山里回荡，显得分外悲壮。

运水的战士感动了，"就让我违反一次规定吧"。他从水车上倒出半盆水，放在老牛面前。可是枯瘦的老牛却没有喝以死抗争得来的水，而是对着夕阳，仰天长哞，似乎在呼唤什么……不久，从远处跑来一头小牛，老牛慈爱地看着小牛贪婪地喝完水，伸出舌头舔舔小牛的眼睛。静默中，战士看到了牛母子眼中的泪水。四周寂静无语，它们掉转头，慢慢走向远方……

一份调查：被爱者的困惑、苦恼

父母对子女的爱是不讲条件和回报的，而一些孩子对父母的爱则有天壤之别。看完故事后，话题转到现如今，很多学生表示与父母难以沟通，在困惑和苦恼时不愿向父母倾诉。我出示了班会前在班里所做的亲子关系调查结果（见表1、表2）。

表1 学生与家长关系融洽程度

	无话不谈（融洽）	有时交流（较融洽）	若即若离（不大融洽）	从不沟通（不融洽）
与父亲关系融洽程度	33.5%	62%	2.5%	2%
与母亲关系融洽程度	60.5%	38.5%	1%	0%

表2 学生有话愿不愿说给家长听

	有话愿不愿说给父亲听	有话愿不愿说给母亲听
愿意（经常）	48%	63%

调查结果显示，我班确实有学生与父母的关系存在一定的问题。我让学生讨论：你认为问题出在家长还是孩子身上？结合自身情况谈谈想法。

大部分学生认为双方都有责任，家长不想让孩子走弯路，而孩子想尝试，这样两者就会发生冲突。我引导学生说得具体一点儿。有学生说家长一件小事会反复讲，让自己觉得很烦。最后，大家都讲到需要多沟通，家长不知道子女需要什么，自己虽然知道家长的苦心，但不愿意接受家长的唠叨。有学生还讲了自己和父母相互不理解，于是出现了一些不开心的事情，等等。

设计这份调查是想启发学生思考、理解家长的良苦用心，学会与父母沟通。最后，学生的讲述自然而然集中到了如何接受父母的爱，在生活中如何与父母有效沟通上。

第二个故事：相爱者的心灵交流

一碗牛肉面

那是一个春寒料峭的黄昏，饭店里来了一对特别的父子。父亲是个盲人。他身边的男孩小心地搀扶着他。那个男孩衣着朴素得近乎寒酸，身上却有着一份沉静的书卷气，想来还是个正在求学的学生。男孩来到我面前,大声地说:"两碗牛肉面。"我正要开票,他突然又窘迫地朝我摆了摆手,充满歉意地笑笑,然后指着价目表,用手势告诉我,要一碗牛肉面、一碗葱油面。我先是一怔,接着便恍然大悟:他叫两碗牛肉面是给他父亲听的。我会意地冲他一笑。

厨房很快端出两碗热气腾腾的面。男孩小心地把那碗牛肉面移到父亲面前,细心地招呼着:"爸,面来了,您小心烫!"自己则端过了那碗光面。

那老人却并不急着吃面,只是摸摸索索地用筷子在碗里探来探去,好不容易夹住一块牛肉就忙不迭地用手摸到儿子的碗,把肉往儿子的碗里夹。

"吃,你多吃点儿。"老人虽然一双眼睛无神,脸上的皱纹间却充满温和的笑意。

男孩并不阻止父亲的行为,而是再悄无声息地把肉片夹回到父亲的碗中。

"这个饭店真厚道,面条里面这么多肉。"老人感叹着。

一旁的我却一阵汗颜,因为他的碗里面只有几片薄如蝉翼的牛肉。

那个男孩趁机接话:"爸,您也快吃吧,我的碗里都装不下了。"

"好,好,你快吃,这牛肉面其实挺实惠的。"

…………

故事读完后,我提出两个问题:(1)你看完这个故事有什么想法和触动?(2)你对父母做过哪些让他们感动的事情?

学生的回答都很真实,从对父母的埋怨讲到了自我反省。有学生讲因为从小爸爸不在身边,埋怨过父母,长大后虽然理解爸爸为家庭生计奔波不容易,但是从来没有表达过。还有学生讲爸爸也在外地工作,但是他生日的时候爸爸一定会回来,可是自己一开始连爸爸的生日都不知道,是看了一档节目后他才想到要知道父母的生日,他说他只给爸爸过了 2 个生日,而爸爸给他过了 15 个。还有学生讲有一次爸爸在沙发上看报纸,妈妈端着菜从厨房里出来,他说"爸爸妈妈我爱你们",父母很开心,家里气氛其乐融融。我被学生的情绪感染，其间几次有想流泪的冲动，好多学生也热泪盈眶。

设计这个环节是想让学生通过讲述感悟父母为自己做了很多，而自己不仅为父母做得很少，还忽视了父母对自己的付出，知道今后应重新审视自己。

一段视频：爱需要合适的表达

接着学生对父母表达爱的话题，我播放了一段视频。视频的内容是大学生打电话对家长说"我爱你"，然后看家长的反应。接到电话的家长基本都认为：是在拍电影吗？孩子是不是要买什么东西了？孩子是不是需要钱了？

学生看到视频中父母的各种惊奇反应时捧腹大笑。笑过之后，我引导他们分析为什么会出现这样的情况。有学生讲，这些吃惊的语气让他不禁打了一个寒战，当今有多少家庭没有过一次像样的聊天；有学生讲，在日常生活中要和父母多一些交流，多对他们表达自己的爱。

我播放这个视频的意图是想让学生知道，爱需要合适的表达，否则可能会让父母不知所措，达不到传递爱的效果。

第三个故事：爱的体验、理解、表达

家长最需要的是什么？这是班会的最后高潮。我让学生续写故事结尾，在续写过程中换位思考，体验母亲的情感。

最想见的时刻

儿子战死沙场，母亲十分痛心，向上帝祈祷："要是我能见到他，即使只见5分钟，我也心满意足了。"

这时天使出现了，对她说："你可以见他5分钟。"母亲高兴得泪流满

面地说："快点儿，快点儿让我见到他。"天使又说："你的孩子是个大人，他已经30岁了，你要见他30年中的哪5分钟呢？"母亲听了以后，一时说不上来。

天使说："你愿意见到他英勇殉国的情景呢，还是他离开你参军的那一段？你愿意见到他在学校时走上讲台接受奖品的那一刻，还是他婴儿时在你怀中的时刻？"母亲的眼神开始闪亮，她一字一句地告诉天使……

让学生续写结尾：你认为母亲想见的是哪个时刻？说出原因。我设计这个问题，是想让学生知道家长想要的不是孩子有多大出息，不是金钱和荣誉，其实只是孩子对父母的依恋。让学生换位思考，体会父母的所思所想，以启发学生选择合适的方式表达自己对父母的爱意和理解。

学生讲得很好。最让我吃惊的是，有几个学生说，参军的那一段、在学校时走上讲台接受奖品的那一刻，儿子的身份分别是战士和学生，只有婴儿时在母亲怀中的时刻才是母亲想看的。学生分析得很透彻、很到位，有些出乎我的意料。

文章结尾揭晓。

母亲的眼神开始闪亮，她一字一句地告诉天使："这些我都不要，我要的是，那一天他从院子里跑进来，要我饶恕他的顽皮。他年纪那么小，却那么不小心，满脸污泥，眼泪直淌。他扑向我的怀里，几乎把我撞倒。"

母亲最愿意见到的，是孩子最需要她的时刻。

学生已经会站在母亲的角度体会母亲的感受，让我很是欣喜。我又补充了一个小故事：倪萍为了让97岁的姥姥每天有事做，想了很多点子，比如让姥姥剥瓜子、整理废旧报纸、收拾旧衣服等。姥姥有了事做，觉得自己还有用，还挣了钱，甚是开心。

当周周日恰逢母亲节，于是我问大家："母亲节是哪一天？有没有想过这一天如何对父母表达自己的爱？"我想以此启发他们周末就开始行动。

结束语

我以这样一段充满深情的话作为结束语:"自古及今,在这个世界上,只有一种爱最无私,不因季节而变换,不因贫富而增减,不受名利影响……那就是父母之爱。让我们多和父母沟通,学着去感悟父母的爱、理解父母的爱、接受父母的爱,同时也学着去爱父母,让我们和父母之间的爱更加稳定、温暖、温馨。"

三、后续"故事"与一点感悟

班会结束后,我找来几个在班会上讲到和父母关系不是很融洽,而且一直没有和父母交流过的学生谈心,他们说班会让他们感触很深,表示会选择合适的机会向父母表达理解和爱。

周五布置周记时,我提议课上没有来得及发言的学生,还有虽然已发言但可能还有话要讲的学生,借本周日母亲节之际,选择一个合适的机会,向父母表达对他们的理解和爱,可以写一张纸条给父母,可以和父母谈一次心,等等,然后写下感受和父母的表情。在随后交上来的周记中,有的学生体会到了曾经被自己忽视的父母的爱;有的学生描述了母亲因自己的一句"妈妈,我爱你"而热泪盈眶的场景;有的学生讲述了陪母亲聊天,为母亲捶背、做早餐的事;等等。

班会是解决班级问题的一个平台,是学生展示自我成长的舞台。如果说这节班会课成功了的话,就是我给学生提供了让他们自我反省的机会,因为这节课触动他们内心最柔软部分的,不是我准备的故事,而是他们所讲述的和父母的故事。

>>> 王富龙·上海师范大学附属中学

防范与行动

设计理念

七年级学生已进入青春期,一方面,他们的生理、心理发生着众多变化,性成熟前倾、社会成熟滞后,使得他们虽有强烈的独立意识,但缺乏必要的知识与经验,行为带有盲目性。另一方面,家长过度照顾与保护,造成了学生行为上依赖家长、心理上渴望摆脱家长的矛盾心理。这些特点使学生在社会上面对危险时,缺乏是非辨别能力和自我保护意识,极易在纷繁复杂的社会环境中误入歧途或受到伤害。

本课希望引导学生讨论自我保护的秘诀——防范与行动。通过情境模拟,让学生检视平时的自我保护情况,提醒他们在危险来临之前要做好防范;同时让他们了解身边存在的种种诱惑和危险,明确"生命最重要"的行动原则,懂得如何获得必要的帮助,以避免受到伤害。

教学目标

1. 让学生了解青春期自我保护的基本内容,做好防护。
2. 让学生学会应对可能出现的危险,减少对自己造成的伤害。

课前准备

1. 场地选择与学生座位安排。学生分成8组围坐,8个小组排成"U"字形。
2. 修改案例《桃桃出行记》的情境,并打印好,每组发1张。

3. 对电视剧《家有儿女》进行视频剪辑与合成。

教学过程

一、热身游戏

游戏规则：将右手食指轻轻放在旁边同学左手的虎口上，做小鸡展翅状；教师随机报动物名称；当听到对小鸡构成威胁的动物名称时，右手需要躲开，不能被别人的左手抓到，同时左手要去抓别人的右手食指；要尽量保证自己的安全。游戏时间为3分钟。

交流分享：你是先跑还是先抓？自我保护的秘诀是什么？

生：我是先抓了再说。这样即使自己没跑掉，被抓住了，起码也抓到了别人，一命换一命嘛！

师：哦？他的想法是置自己的安危于不顾，即使有危险，也要先抓别人。其他同学是否同意他的看法？

生：不同意！先抓别人，自己躲开时肯定就会慢一些，就容易被抓到。况且在生活中遇到危险时自己被抓住了，怎么可能还去抓别人？所以应该先跑，保护好自己才是第一位的。

师：那怎么跑才算是对的，才能做到正确地保护自己？

生：首先，我们已经有了经验，知道哪些是会对小鸡构成威胁的动物，这样我们就能及时做出正确判断。判断后就要迅速、果断地做出反应——缩回自己的手。

教师小结：在现实生活中，我们需要具备自我保护的意识，这样才能防范危险。而自我保护的两大秘诀是：危险来临前要及时做出正确判断，危险来临时要积极行动。

二、主题活动

1. 情境分析：防范危险

任务：仔细研究下列情境，各小组分析、判断桃桃在哪些环节中缺乏自我保护的意识，用下画线把危险的情境标注出来，然后小组讨论如何在危险来临前进行预防。

要求：①选定1名小组代表（组长）和1名记录员；②在情境分析和讨论过程中，每个组员均要参与并发言；③情境分析和讨论的时间为5分钟。

周末下午，桃桃接到同学聚会的邀请电话，她<u>不假思索地答应了</u>。她觉得自己的衣服都太幼稚，便<u>穿上了表姐的吊带衫和超短裙</u>，想了想，又<u>拿上了鼓鼓囊囊的钱包</u>。这时她才发现爸妈都出去串门了，想着很快就回家，于是<u>她带上门径直去了约会的KTV</u>。到了那儿，桃桃才发现除了同学竟然还有一些社会青年。没多久，桃桃就跟聚会中的每一个人都混熟了。大家又唱又跳，叫嚷着"谁不喝是王八蛋"的豪言，<u>把啤酒当饮料喝</u>。快乐总让人忘记时间，晚上10点多了桃桃才发现手机都快被父母打爆了。想想<u>没有告知父母自己的去向</u>，桃桃害怕了，带着些醉意跟大家告别。这时，有个男青年自告奋勇地要送她，<u>桃桃跟着他打了辆的士往家赶</u>。想着马上就要到家，又怕父母责骂，桃桃就<u>没有给家里打电话</u>。

一路上，男青年问了桃桃很多有关个人和家庭的问题，桃桃<u>如实地告诉了他</u>。男青年递给她一瓶饮料，桃桃接过，<u>顺手就打开来喝了</u>。到小区门口下了车，男青年要桃桃的电话，桃桃拿出手机："<u>你把电话报一下，我拨给你。</u>"互留电话后，桃桃跟男青年分了手。正往家走呢，有个陌生人叫住她，说她爸爸刚刚被汽车撞了，正在医院里急救，要桃桃和他一起去看爸爸。桃桃急了，<u>匆匆跟着他走了</u>……

（1）学生分小组进行讨论，教师巡视各小组的讨论情况或参与某个小组的讨论。

（2）小组讨论结束后，各小组派代表在全班分享本组发现的危险情境。

（3）学生将情境中桃桃缺乏自我保护意识的地方都找到后，接下来分析：怎么做才是正确的？

小组A：在答应赴约前，应征求父母的同意，不应"不假思索地答应"。外出着装应符合中学生的年龄特点，不要"穿吊带衫和超短裙"；钱不能带太多，少量够用就好，免得被坏人盯上。出门前要告知父母，不可以"径直去约会"，不然父母会很担心，出了问题也不知道到哪里去找你。

师：外出时，应告诉父母哪些呢？

小组B：告诉父母自己去哪儿、跟什么人在一起、大概几点回家。

师：除此之外，还要告诉父母一名同行同学或朋友的电话，这样父母在联系不上你时，还可以找你的同学或朋友。

小组C：跟陌生人交往时要保持警惕，不能"跟每一个人都混熟"，不能喝酒，喝酒不仅违反《中学生守则》，而且喝醉了也不安全；也不可以跟陌生人一起坐的士或者坐他的车，回家时要打电话告知父母。

师：外出时选择什么交通工具最安全？

生：公交车。

生：出租车。

师：出租车现在的确成了大家经常选择的交通工具。在乘坐出租车时，又应注意什么呢？

生：选择正规公司的出租车，不要打"黑车"，不要坐在司机身边，还要留心记下出租车的车牌号。

师：外出回家前要给父母打个电话或者发个短信，告诉父母你乘坐的交通工具，如果是坐出租车，要告知父母你所乘坐出租车的车牌号。

小组D：不能向陌生人透露个人和家庭情况，也不能喝陌生人给的饮料，更不能跟不认识、不熟悉的人乱走，应先给家里打电话确认爸爸是不是真的受伤了。但是，电话号码的事很麻烦，给了怕有危险，不给会不会不礼貌？难道给他一个错误的电话号码？这样也不太好吧？

师：我们可以记下他的电话号码，并告诉他："如果有事，我会主动联系你。"

（4）教师归纳总结在危险来临前应如何预防。

答应赴约前，评估风险：了解时间、地点、参与人员，与父母商量……

准备时，考虑防范：着装打扮、携带物品、告知父母（参与人员、地点、时间、同学电话）……

外出中，警惕、谨慎：行为适宜、表达拒绝、保护隐私、应对陌生人……

回家前，保持警醒：打电话告知家长、选择交通工具、安全打的……

2. 观看视频，讨论男生的困惑

问题：有人认为"我是男生，强壮有力，走出去不会被伤害，自我保护是女生的事情"。你同意这个观点吗？

（1）观看视频《被"借走"的裤子》片段：刘星穿了一条稀奇古怪的自制"乞丐牛仔裤"上学，本想在同学面前炫耀，却被几个高年级男生将裤子"借走"，穿着裤衩狼狈回家。

（2）看完视频后，教师引导学生了解男生其实也需要自我保护，甚至因为性别的原因，男生面临的危险更隐蔽。它们可能外表包裹着灯红酒绿，内里却龙蛇混杂，甚至藏污纳垢；可能一时满足了你的好奇心，却刺激着你的生理冲动，致使你沉溺其中无法自拔；甚至可能在你独自上下学时突然找上你，让你感到恐惧。

交流分享：你和你的朋友是否经历过这样的危险？除了刚才说的这些，生活中男生还可能会遇到哪些危险？

学生纷纷结合自己的体验和朋友的经历发表看法。

生：有时候上网，网站上会跳出一些很恶心的图片来，我是不会去看的。不过，我有朋友就很好奇地点开看过，而且不止一两次，看完后还在同学中乱说一些黄色的东西，影响很不好。

生：我在小学五年级时被打劫过，那时候真的吓坏了。那次，我放学出校门没多远，就有两三个初中生走过来向我"借"钱，我把钱给了他们，然后赶紧跑回家。有段时间上学、放学路上都怕再遇到他们，好在我告诉了家长，他们开始接送我，我也没再看到那几个坏孩子了。

生：我曾经在法制频道的节目中看到过，有中学生因为结交了社会上的朋友，跟着他们去一些乱七八糟的酒吧、网吧、歌舞厅，还学会了吸烟；没有钱花时，就跟着那些人去抢劫，最后被抓了。

生：男生还可能打架。我表哥原来很"皮"，初二那年有同学叫他一起去吓唬别的班的同学，他不好意思拒绝，结果没想到两边打起来了，他差点儿被扎到眼睛。当时他吓坏了，后来就不敢再跟着起哄了，也变乖了，现在还总教育我呢。

（3）进一步引导学生讨论：当面临安全问题时，男生该如何保护自己？青春期的男生该如何提升自我保护意识？

生：男生也要有自我保护的意识，要遵守学校规定，不去"三室两厅"，不浏览黄色网站，不结交社会上品行不良的人员。

生：特别是要有判断能力，不能盲目讲义气，"为朋友两肋插刀"；遇到事情时要冷静，先思考判断，不能冲动地动手打架。

生：做什么事最好不要一个人，要跟同学一起，而且尽量走人多的地方，避开偏僻小路。

生：身上不要带太多的钱和贵重物品，免得引起别人的注意，给自己带来麻烦。朋友要你去做一些不好的事情，比如给你烟时，要懂得拒绝。

（4）教师根据学生的回答小结。

提高警惕——提前预测危险，合理防范在先……

学会选择——同伴、时间、场地、活动、行为……

理智自制——明辨是非，慎用钱物，拒绝诱惑……

3. 小试牛刀：应对危险

通过前面的活动，我们都懂得了在危险来临前如何准确判断和做好自我防范，但是有时候危险会主动找上门来。这时，我们该如何保护自己？

（1）当你遇到刘星这样的情况时，你会怎样应对？

要求：小组讨论，并派代表上台展示小组讨论的应对方式。

学生讨论后，请两组学生上台展示。

小组 E：在校门外，有人向自己要"保护费"时，可以将手中的水壶砸向他，然后拔腿向人多的地方跑，边跑边喊同学的名字。

小组 F：被人围堵时，先看看对方的人数、个头，衡量一下自己的能力，若敌众我寡，便将身上的钱给对方，事后打电话告诉家长。

教师根据学生的展示，引导学生归纳如何应对危险情境，并做小结。

应对危险情境应谨记——要大声喊出来，要巧用物品，还要懂得暂时妥协。

面对危险应保护生命——无论何时都要牢记要使自己受到的伤害减到最小，生命是最重要的！

（2）遇到危险或者受到伤害后，是否需要有所行动？

观看视频《被"借走"的裤子之处理》：刘星想要回他的裤子，一次偶然的机会他认识了"一笑堂"堂主黄飞鸿，黄飞鸿帮他要回了裤子。

师：刘星的处理是否妥当？应该如何正确行动？

生：不赞同刘星的处理方式。虽然他拿回了裤子，但是这样他就欠了"一笑堂"的人情，出来混总是要还的，将来他肯定会受制于"一笑堂"。幸好父母发现及时，不然刘星可能无法摆脱他们，说不定最终还会走上歪路。

生：其实在裤子被拿走时，他就可以向老师或者爸爸妈妈寻求帮助，毕竟对方是几个人，又是高年级的，自己一个人无法应对。寻求大人的帮助，可以更好地解决问题并保护自己。

教师在学生讨论的基础上，进一步总结：不要心存幻想——危险不会再来，不要因为害怕而不告诉任何人，不要擅自采取措施报复对方。要寻求警察、师长或值得信赖的成人的帮助；要保留证据，或及时到医院就诊；必要时要寻求心理帮助。

三、总结延伸

面对生活中的一些危险及潜在危险，我们需要理智应对，只有学会自我保护，才能快乐地享受花样年华。

要记住：①提前做好防护最为重要，防患于未然是对自己最有效的保护！②如果遇到危险，要使自己受到的伤害减到最小，无论何时生命最重要！③受到伤害后，要及时寻求帮助！

希望大家将课堂上所学的东西运用到生活中，真正做好自我保护，快乐地成长！

>>> 张颉·福建省厦门双十中学

从小熊那一摔说开去

班会缘起

由于学校食堂扩建改造,原来的门封闭了,施工队在图书馆西侧、车库与食堂相连的地方,新开了两个临时的门,方便学生进出食堂。周一升旗仪式结束后,为了熟悉进出食堂的新路线,全校学生在体育老师的指挥下,分别演习从图书馆和车库进出食堂。就在我班学生出车库时,由于转弯即是坡路,小熊为了追上前面的同学,一个猛跑摔在了坡路上。我当时正好在旁边,于是迅速把她扶起来……幸好摔得不严重,小熊很快就回班里了。

回到班里后,我问全班学生:"大家说说,小熊同学摔倒后,应该赶快做什么?"学生兴致很高,纷纷发表意见。很可惜,我没有听到期待的答案。我对学生说:"小熊同学摔倒了,当时可能挺疼的,但是要努力尽快移到旁边去,或者大声提醒后面的同学注意,因为转弯的地方视野不好,后面跟上来的同学很可能来不及反应就摔在小熊同学的身上,甚至可能会发生踩踏事故,后果不堪设想。"大家听了恍然大悟。

很显然,学生对安全隐患缺乏感知,自我保护意识薄弱,也没有系统学习过自我保护的方法。更加值得关注的是,这还不是个别学生的问题,从全班学生的反应可以看出大家对安全问题的忽视程度。一想到以往看过的新闻报道中的校园踩踏事件,我便感到不寒而栗。

于是,我当即决定,在第二天的班会上,我要和学生好好聊一聊校园安全问题。我把这个想法和学生一说,大家热情高涨。但只有一天的准备时间,我便做主给五个小组的学生分了工——有负责排练表演摔伤情景的,有负责寻找踩踏事件视频的,有负责整理校园安全隐患问题的,有负责讲解、演示自我保护方法的，还有拟写安全倡议书的。

我们的校园安全教育主题班会，在第二天下午如约召开。

班会过程

一、现场表演，重现场景

由于小熊摔倒时，有些学生在前面已经跑远了，还有一些学生在后面，所以绝大多数学生并没有看到当时的一幕。因此，班会一开始，我和小熊所在的第一组一起重现了当时的情景，目的是让所有学生了解危险发生的过程，引起他们对校园安全问题的足够重视。

二、视频分享，了解踩踏

看视频是学生非常喜欢的学习方式。第二组学生从网上找到了一个防灾安全教育小视频《校园防踩踏事件的安全常识》。这个时长为4分钟的小视频，以动画片的形式详细介绍了校园踩踏事故发生的原因、过程、预防办法，以及在人员密集场所自我保护的策略。学生很有兴趣，看得非常认真。

三、细数隐患，防患未然

那么，我们熟悉的校园到底存在哪些常常被我们忽视的安全隐患呢？第三组学生群策群力，从运动安全、实验安全、饮食安全、交通安全、集会安全、财务安全六个方面细数了几十条安全隐患。在班会现场其他学生还补充了几条，比如，激烈运动后，不要立刻大量饮水，否则容易引起不适；买零食时，最好看看生产日期和保质期。令我十分感慨的是，很多安全隐患我平时也没有注意到。

四、自我保护，分享演示

当危险来临的时候，我们如何更好地保护自己呢？第四组学生借助PPT分享了地震、火灾等灾难来临时自我保护的方法和注意事项。除了语言讲解，他们还进行了现场演示。比如，当地震等灾害来临时，如果无法逃出建筑物，蹲在墙角时的正确动作是：一脚在前，一脚在后，两只手交叉置于头顶上方约10厘米处，这样可以使手臂形成一定的夹角，以保护头部；趴在地上时，手臂和肩背形成一定的夹角，可以更好地保护内脏。学生纷纷离开座位，边看要领边学。最后，第四组全体组员还模拟了火灾现场的逃生方法：用湿毛巾掩住口鼻，弯腰紧贴墙角行进。他们一边演示一边讲解，其他学生饶有兴味地观看并跃跃欲试。演示结束后，其他学生给予了热烈的掌声。

五、发出倡议，全班行动

最后，第五组派代表从重视安全问题的重要性入手对班会进行了总结，并向全班学生发出安全倡议。

为了同学们健康、快乐地成长，维护校园安全，我们向全班同学发出以下倡议：

上体育课、做课间操时，听从指挥，按老师的指导和要求行动，减少运动伤害。

上实验课前认真预习，上课时在老师的指导下按步骤操作，不擅自行动。

饭前便后洗手，不吃生冷食品，看好生产日期，不吃过期、变质食物。

上学、放学路上，遵守交通规则，由家长接送或结伴而行，不在路上逗留，不和陌生人交谈、往来。

外出参观、实践时，听从指挥，安静有序，不乱动公共物品，不追跑打闹。

不把贵重物品带到学校，需带现金时，到校第一时间上交。

安全无小事，让我们从点滴做起，严格要求自己，改正不良习惯，共建美好、和谐的校园环境。

课后，我们将这一安全倡议张贴在教室里，时时提醒大家。

班会效果及反思

一个多月后，学校组织校园安全运动会。其间，我才意识到这节校园安全教育主题班会课对学生产生的影响。在运动会筹备时，学习不同的结绳方法，模拟灾害现场，学习逃生知识，我们班的学生格外认真；在备场时，学生坐在草坪上仍然在琢磨，还用同学的手臂当固定物研究怎样可以更快、更好地结绳。

运动会结束后，班里有位女生发表了感想，她的话令我深有触动。她说："我们永远不知道危险和灾难什么时候会来到我们身边，我们平时必须有一颗敏感的心，并且要好好学习自我保护的方法。在危险来临的时候，我们一定要有强烈的求生意识，有好的自救方法，把握时机，这样才有可能保全自己的生命。只有保全了自己的生命，我们才有机会救助别人。"

这位女生的一番话，让我久久不能平静。刚当班主任的时候，班里一有突发事件，我就会紧张、着急，甚至自乱阵脚。现在想来，突发事件往往也是很好的教育契机。我很庆幸，小熊摔倒后我多问了学生一句，发现了大家的安全意识薄弱，并借机召开了校园安全教育主题班会。学校每个学期初和放假前都会强调各种安全注意事项，甚至还会开展"安全教育主题月"等活动，但是学生对此早已习以为常，每次都当作例行公事，无法引起足够的重视。此次校园安全教育主题班会从学生的问题出发，学生是带着兴趣和期待，通过表演、观看视频、分享、演示等方式体验和学习的，更好地将"安全"二字融入学生的日常生活中，融入学生的生命感悟中。

>>> 董艺·中国人民大学附属中学朝阳分校

靡菲斯特的诱惑：防溺水

班会背景

据统计，我国每年因溺水意外死亡的人数仅次于交通事故，其中未成年人溺水事件最为多见。溺水已成为危害未成年人生命安全的第一杀手。如何依托日常工作，培养中小学生的安全意识，是一个重要的课题。

我班学生已经上初三了，这个年龄段的孩子身体发育迅速，独立自主意识很强，对个人能力有更大的自信，他们渴望得到成人的信任和尊重，对父母、老师的意见不太愿意听取。他们最讨厌的就是"不听老人言，吃亏在眼前""我吃过的盐比你吃过的米还多，我走过的桥比你走过的路还多"之类的训诫。如果反复告诫他们不安全游泳的后果，直接告诉他们防溺水知识，他们很有可能会感觉老师是在危言耸听，不会引起足够的重视。在"学校安全教育周"期间，我按照戏剧化班会的设计思路，指导学生开展本次班会活动。

设计理念

初中生喜欢在有新鲜感的教育教学情境中学习，但如果这个情境只有趣味性而缺乏思想性，学生又会觉得"好无聊"。在本次班会设计中，我借用德国作家歌德在《浮士德》中所创造的经典魔鬼形象，引导班会主办团队的学生以"靡菲斯特的诱惑"为题来编写防溺水短剧。

班会准备

1. 主办团队和我一起编写剧本，挑选演员，进行场景设计、排练，确定班会流程。
2. 全班学生收集与生命安全有关的故事和格言，搜集有关夏季游泳防溺水的资料。
3. 在黑板上书写班会主题的一部分——"靡菲斯特的诱惑"。

班会目标

1. 增强学生的自我保护意识，使学生愿意自觉学习有关防溺水的安全知识。
2. 教育学生改变生活中不遵守安全规则的不良习惯，提高学生对生活中违反安全原则行为的辨别能力。

班会过程

一、戏剧表演：《靡菲斯特的诱惑》

用PPT打出字幕，介绍戏剧的名称、主要人物，伴随戏剧的表演出示每一幕的名称。

主要人物：靡菲斯特（魔鬼）、四名初中学生（小陈、小李、平平、安安）。

第一幕：靡菲斯特来到江城

旁白：虽然西方的万圣节还远远没到，但来自西方的魔鬼靡菲斯特最近却来到了我们身边。同学们，你们知道靡菲斯特是个怎样的魔鬼吗？他是引诱人类堕落的恶魔！他神通广大，法力无边，但总是用魔法来做坏事。

每当他来到人间时，都会盘算一些害人的交易。为了达成交易，他变成各种形象来引诱人们，使人们在不知不觉中落入他的圈套。看，他来了！

靡菲斯特：（内心独白）我就是靡菲斯特，我刚刚与黑暗之神打了一个赌，如果我能够在一天之内夺走三个少年的生命，他就把他最珍爱的宝剑送给我。哈哈，这个赌我赢定了！（仰天大笑）这里是长江边，真是天助我也！江城，我来了！（甩起黑色披风，做出起飞的动作）江城，热起来，热起来吧！（挥舞手臂，做出施展魔法的动作）

第二幕：靡菲斯特失败了

（用 PPT 出示背景：江水流淌，发出哗哗声）

小陈：（扭头大声喊）小李，快到江边来！

小李：（跑上前来）今天实在是太热了，吹着江风都这么闷热！

靡菲斯特：（做出惬意游泳的姿态）嗨，两位同学，江水里可凉快了！快下来游泳吧！

小陈：（动心，露出羡慕的表情，指着靡菲斯特）你看，他游得还真 happy！干脆我们俩也下去游泳凉快凉快吧！

小李：（思考片刻）不行啊，直接下到江水里去游泳，太危险了！

靡菲斯特：（露出讥讽的表情）你们又不是毛孩子，都十几岁了，还这么胆小！你们看，我不是游得好好的吗？哪有什么危险？

小陈：走吧，走吧，到江里去玩玩吧！岸上太热了！

靡菲斯特：快下来吧，我们一起玩！

小李：（表情坚定）老师反复强调过，不能在不知深浅、没有救生员的水域随便下水游泳。万一我们出了危险怎么办？反正我是决不会下水的！

小陈：好吧，你说得有道理，安全第一！就听你的！

（小陈与小李一起下场）

靡菲斯特：（捶胸顿足，非常恼火，大声喊）两个可恶的胆小鬼！气死我了！看来只有继续寻找对象了！

第三幕：靡菲斯特得逞了

（平平、安安一起走来）

靡菲斯特：（做出惬意游泳的姿态）嗨，两位同学，今天实在是太热了！快下来游泳吧，泡在江水里可凉快了！

平平：（动心，露出羡慕的表情，指着靡菲斯特）你看，他游得还真 happy！干脆我们俩也下去游泳凉快凉快吧！

安安：（思考片刻）不行啊，学校昨天才发了防溺水告家长书，我妈妈昨天还跟我讲了十几次：千万不能直接下到江水里去游泳，太危险了！

靡菲斯特：（露出讥讽的表情）哎哟，真是老师的乖学生、妈妈的好宝宝！亏你们都十几岁了，还这么胆小！你们看，我不是游得好好的吗？哪有什么危险？！

平平：（点头）也是啊！老师和家长总把我们当小孩子，喜欢夸大其词，真好笑！

靡菲斯特：快下来吧，我们一起玩！

安安：（露出下定决心的表情）反正我俩的游泳技术都挺好的，下水就下水，没什么好怕的！走！

（平平、安安脱掉外套，做出游泳的动作）

靡菲斯特：（露出阴险的笑容，做出一个施展魔法的动作）哈哈，下面看我的吧！

平平：（露出惊惶的表情，大喊，拼命地扑腾）好大一个旋涡！救命啊！

安安：平平，别害怕，我来救你！（拼命游泳，忽然露出痛苦的表情）天哪，我的小腿抽筋了，哎哟，疼死我了！

（平平、安安趴在了地面上，模拟溺水身亡状）

靡菲斯特：（仰天长笑，得意万分）哈哈哈！平平、安安都被我骗到江里淹死了。黑暗之神，现在只差一个了，我马上就要赢了！（响起神秘、恐怖的背景音乐）

旁白：那么，靡菲斯特的下一个目标会是谁呢？

[设计意图]调动学生的兴趣,引发学生讨论、交流,以深化主题。

二、发表观后感:戏里戏外

主持人:是啊,靡菲斯特的下一个目标会是谁呢?戏剧中的青少年面对靡菲斯特的诱惑时的表现,引发了同学们怎样的联想和思考呢?

生:靡菲斯特的下一个目标是你、我、他,我们每一个人都可能成为他的目标。

生:只要到了炎热、适合下水游泳的日子,靡菲斯特就会出来寻找目标。

生:面对靡菲斯特的诱惑,小李和小陈抵制住了,他们就没事;平平、安安没抵制住,他们就被淹死了。

主持人:我与同学们有同感。这个戏剧表演告诉我们,青少年一定要注意自己的生命安全,要预防溺水。

(主办团队的一名学生在黑板上将本次主题班会的主题补充完整,加上"防溺水"三个字)

[设计意图]明确引入"防溺水"这一主题,定下基调:每个人都应重视生命安全,要预防溺水。

三、观看演示文件:溺水事件知多少

(主持人用PPT出示近年发生的溺水事件,并辅以讲解)

(当学生读到武汉市一天之内溺亡十几个青少年的新闻时,都露出了不可思议的表情;当学生了解到近三年来意外死亡的全国中小学生有接近一半是溺水而亡时,都露出了惊讶的表情;当学生看到溺水者的亲人无比痛苦的图片时,都忍不住叹息……)

主持人:同学们,如果让你用两个字来概括你观看以上PPT演示文件后的想法,你想用什么词?为什么你会这样概括呢?

生:可怕!那么多的生命,说没有就没有了!

生：悲催！那个溺水小孩的家长哭得太悲伤了，就像她也不想活了！

生：震惊！我听说过溺水事故，但是没有想到溺水死亡的人数这么多！

生：唉！唉！一方面，我觉得因游泳而死，很不值得；另一方面，我觉得生命其实很脆弱，生命是很容易失去的。

[设计意图] 事实胜于雄辩，用真实的数字、图片震撼学生的心灵，让学生真切地体会到溺水意外离我们并不遥远，也绝不是低概率事件，一旦发生，后果不堪设想。所以，必须高度重视防溺水！

四、防溺水方法大家谈

主持人：同学们，现在我们都知道了溺水意外伤害事故常常发生在我们身边，我们应该在思想上高度重视防溺水，而要想远离溺水意外身亡，我们还得掌握一系列方法。

1. 小组交流

全班以四人小组为单位，对如何预防溺水、如何在溺水后进行自救和急救等问题进行交流、讨论。

学生拿出了先前搜集的关于夏季游泳防溺水的资料，在交流中互通有无。这个环节的时间要充分保证。

2. 全班交流

主持人：同学们，刚才讨论、交流得好热烈呀！我想大家一定都学到了很多防溺水知识。你觉得哪些知识是必须掌握但有可能会被大家忽略的呢？请每个小组推荐一个代表给全班同学提个醒吧！

生：下水游泳不要逞能，不要贸然跳水和潜泳，不要在水中打闹、做恶作剧，以免因呛水而导致溺水。

生：不能在吃完饭后立即去游泳，最少要休息一个小时，让胃里的食物先消化掉。如果下水后觉得身体不舒服，应该立即上来休息。

生：没有大人陪同，没有救生员在场，决不下水游泳。

生：不要随意下水，下水前要试试水温，如果水冷，就不要下水。下水前一定要做好暖身活动，以免腿部抽筋。

生：不要盲目地援救落水遇险者，要向大人或者救生员寻求帮助。

生：尽量不要在江河湖海、池塘中游泳，应选择正规的游泳馆。

[设计意图] 先前大家各自搜集相关资料的时候，很可能都没有仔细阅读过。通过这个环节让大家细致学习防溺水知识。

五、创编安全警示语和安全须知：安全记心中，平安你我他

主持人：这些防溺水知识，我们不但要自己掌握，还要广泛宣传，让更多人掌握，让大家都远离溺水的危险。下面，我们会给每个同学发一张心形的即时贴，同学们现场创编安全警示语和安全须知，写在即时贴上，并署上自己的姓名。当然，也可以和小组里的同学讨论、交流，群策群力来拟写。

（学生拿到即时贴后就忙开了。此时他们先前收集的有关生命安全的格言派上了用场，许多学生在这些格言的基础上加入防溺水的知识进行改写。）

主持人：下面请同学们从自己小组同学拟写的安全警示语和安全须知中推荐一份在全班进行交流吧！

生：我防溺水有高招，大人陪伴第一招。私自游泳太危险，不去深水很重要！我防溺水有高招，泳前热身第二招。伸手踢脚弯弯腰，预备动作不可少。

生：野外游泳要注意，莫用生命买教训。磨刀不误砍柴工，泳前热身最重要。太饿过饱别下水，生命安全放第一。谨慎游泳惜生命，遇到危险必呼救。预防溺水很重要，安全提示要记牢！

生：生命是舟，安全是舵，而你就是掌握自己生命之舟的舵手。

生：生命仅一次，水火无情谊。水中非天堂，涉水莫大意！

生：生命是艘巨轮，不要让它在不明水域永不瞑目！

生：游泳安全重于天，莫因疏忽被水淹！

主持人：感谢以上同学的分享！你们拟写的安全警示语和安全须知朗朗上口，好读好记，都特别棒！下面请每个小组派一位代表上台来，把全组同学的即时贴都贴到黑板上。请贴在我们的班会主题边上，这是我们这节主题班会课的收获之一！

（小组代表纷纷上台，用小小的心形即时贴在黑板上贴出了种种造型。远远看去，就是一道亮丽的风景。）

主持人：这里有许多特别精彩的安全警示语和安全须知，今天的班会结束后，欢迎大家都来围观、学习、点赞！

[设计意图] 创编安全警示语和安全须知的过程，其实是学生对所掌握的防溺水知识进行再领悟、深加工的过程。让每组派出代表到黑板上贴即时贴这种具有仪式感的活动形式，能激发学生对拟写安全警示语和安全须知的兴趣，进一步强化他们的安全意识，巩固他们的安全知识。

六、戏剧表演：《靡菲斯特的诱惑》第四幕"再遇平平、安安"

主持人：同学们，在班会刚开始的戏剧表演中，平平和安安没能抵制住魔鬼的诱惑，被魔鬼夺去了生命，让人扼腕叹息！我想，如果他们参加了我们班的防溺水主题班会，结局一定不会是这样的！你看，他们来了！

（用PPT出示字幕：第四幕"再遇平平、安安"）

（平平、安安一起走来）

靡菲斯特：（做出惬意游泳的姿态）嗨，两位同学，今天实在是太热了！快下来游泳吧，泡在江水里可凉快了！

平平：（动心，露出羡慕的表情，指着靡菲斯特）你看，他游得还真happy！真想也下去游泳凉快凉快呀！

安安：不行啊，上次在防溺水主题班会上学的知识你都忘了？现在到江水里去游泳，既没有大人陪同，又没有游泳圈、救生衣，太危险了！

靡菲斯特：（露出讥讽的表情）哎哟，真是老师的乖学生、妈妈的好宝宝！亏你们都十几岁了，还这么胆小！开了一节班会课就把你们吓唬成这样了？你们看，我不是游得好好的吗？哪有什么危险？！

平平：你就别取笑我们了！你看，江水这么深，流得这么快，你真的得注意安全哪！水又这么凉，游的时间长了，弄不好还会腿抽筋的！建议你赶紧去拿个救生圈吧！

靡菲斯特：没事，你们完全是小题大做！快下来吧，我们一起玩！

安安：（甩头，露出下定决心的表情）虽然我们俩的游泳技术都挺好的，但这是危险水域，又没有安全防护措施，坚决不能下水！

平平：你说得对，我们走吧！

（平平与安安一起下场）

靡菲斯特：（捶胸顿足，非常恼火，大声喊）江城的少年真是可恶！我在水里待了这么久，没有一个人上钩。看来我只好到别处去寻找猎物了！

[设计意图]在班会即将结束之际再上演一段戏剧，首尾呼应，再给平平、安安一次选择的机会，与他们先前的选择造成的后果形成鲜明的对比，让学生进一步明确：只要牢记防溺水知识，学以致用，就能做出正确的选择，让自己远离危险。

七、主持人总结：重安全，防溺水，保平安

主持人：危险源自麻痹，意外总是紧随着无知的人。这一次，平平、安安有了强烈的安全意识，也懂得了预防溺水的方法，所以面对魔鬼靡菲斯特的诱惑时，他们能理性分析，正确选择，终于可以平平安安地回家了！真是让人高兴！而在我们江城武汉，游泳几乎是每个青少年都特别喜欢的运动项目，我希望我们每一位同学都能重视安全问题，牢固掌握防溺水的知识，开开心心地玩耍，平平安安地回家！最后，请大家跟我一起高喊口号，赶走靡菲斯特吧！

（全班学生一起喊："靡菲斯特，带着你的阴谋诡计，见鬼去吧！"靡菲斯特惊恐地跑掉，全班学生大笑，班会结束。）

［设计意图］点明班会主旨，提升学生的认知，唤起学生的情感共鸣；联系学生的实际，进一步强化学生的安全意识。

班会总结

靡菲斯特代表着邪恶，也可以视作人所受到的种种不良诱惑，或是坏的念头、错误的想法。在编写过程中，我发现大量教育主题都可以让"靡菲斯特"介入，因为学生的成长过程其实就是一次次面对靡菲斯特的诱惑，学会抗拒诱惑、进行正确选择的过程。这节班会课为解决现实的德育问题而生，采用教育戏剧这种学生喜闻乐见的生动的形式来营造教育情境，由学生自编自演，引发了学生对班会主题的思考、讨论，发挥了学生的主体性，促成了学生品德的自主建构与生成，提升了主题班会的实效。

"以好戏造境，让感悟入心"，这大概就是戏剧化班会的魅力所在吧！

>>> 梅丽旻·湖北省武汉市七一华源中学

遇挫 = 失败？

班会背景

一、班情分析

"班服竞标会"主题系列班会结束后，竞标失利的学生情绪低落，部分学生一直在抱怨评委。由此我联想到合唱失利后学生情绪低落，部分学生抱怨评委；学习吃力时，有人抱怨老师……我做了一个学生遇挫心理调查（见下图），发现大部分学生遇挫后往往情绪低落、抱怨，很难调控负面情绪。

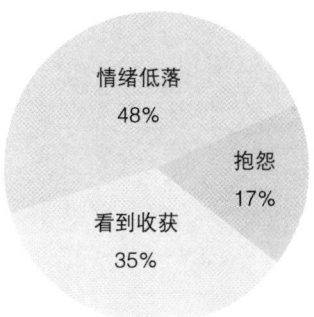

学生遇挫心理调查

在对学生进行有针对性的访谈后，我发现他们遇挫后情绪低落、抱怨的主要原因在于认知有误，他们将遇挫等同于失败。因此，本次班会重在调整学生的认知，帮助学生树立正确的信念——遇挫不等于失败。

二、班会主题分析

第一，受挫与否是当事人对动机、目标与结果之间关系的认识、评价和对感受的判断。对遇挫和失败的错误认知，导致学生在遇挫时产生负面情绪。

第二，《现代汉语词典》（第 5 版）对"信念"的解释是："自己认为可以确信的看法。"心理学家认为，我们在生活中会接受信念的指导。因此，本次班会旨在帮助学生树立正确的信念，指导学生以积极的心态对待挫折。

班会目标

1. 关注情感：引导学生在遇挫后走出消极、抱怨的情绪，以积极的心态面对挫折。

2. 调整认知：引导学生明确树立"遇挫不等于失败"的正确信念。

3. 指导行为：指导学生在遇挫时改变心态和视角，学会从挫折中看到收获。

前期准备

一、教师准备

通过问卷调查、访谈了解学生遇挫后消极、抱怨的心理及原因。

二、学生准备

1. 让学生在班会召开前思考：遇挫后，自己为何会产生消极、抱怨的情绪？

2. 学生小何准备：讲述自己在遭到同学否定时的感受和做法。

> 班会过程

一、导入：遭遇"失败"

教师引出话题：四个团队在班服竞标中落选，大家沮丧、抱怨了一周，认为自己的努力没有得到认可，感觉很受挫、很失败。我们今天就来聊一聊遇挫的话题。

［设计意图］以班级发生的事情导入，让学生明确本节班会课要探讨的主题。

二、展开：他们失败了吗

1. 精神领袖

（1）教师提问：如果你是他，当你遇到这些挫折时会有怎样的感受？

1952年，被禁止参加公众集会；1962年，被捕入狱，被判5年监禁，每天被单独关押23小时，一无所有，甚至想和蟑螂聊天；1964年，被改判终身监禁，于酷暑严寒中采石劳作。

学生谈感受。
生：产生消极、绝望的情绪。
生：对未来感到十分不安，怀疑自己存在的意义。
生：无比煎熬，处在崩溃边缘。
……

［设计意图］带学生进入话题情境，引发学生遇挫时的消极情绪。

（2）投影展示：他就是曼德拉！27年的牢狱生活是他经历的巨大挫折，我们看看他是怎么面对的。

利用深夜时间，借着走廊上昏暗的光线，自学了南非荷兰语和经济学；偷偷完成了几十万字的回忆录；每天坚持在牢房中跑45分钟，然后做100个俯卧撑、200个仰卧起坐、50个下蹲运动和其他各种体能训练；反复阅读《战争与和平》；种了900棵植物……

［设计意图］曼德拉在狱中的表现与学生的回答形成强烈反差，以曼德拉面对挫折时的乐观精神震撼学生的心灵，让学生感受遇挫不等于失败。

（3）探讨：你认为他失败吗？为什么？

生：他没有失败，因为他很乐观。他用执着的追求和乐观的精神支撑着自己渡过难关。他把27年牢狱生活当作人生中的一次坎坷经历，并没有因此而改变追求，反而让更多人爱戴他。

2. 身边的榜样

（1）教师过渡语：曼德拉是民族领袖，太过伟大，似乎离我们很遥远。其实我们身边也有感人的例子。

［设计意图］由名人榜样转到身边的榜样，让学生看到他们身边就有遇挫不抱怨的榜样。

（2）投影展示：小何在为大家做班服时遇到的挫折。

小何想给大家做件厚一些的长袖班服。她用了35天时间一个人完成设计、绘图，制作出15个样稿，联系了厂家，交了700元定金……爸爸妈妈认为她耽误了很多时间，和她大吵了一架。同学们抱怨设计图案不好看、定价贵，结果15个样稿全部被否决。

［设计意图］让学生看到小何的努力，也看到她遇到的挫折，唤起他们类似的受挫体验。

（3）小何谈自己遇挫时的心情，以及她是怎么面对的。

小何：一次次努力不被认可，我感觉自己被整个世界抛弃了，非常委屈，感觉自己很失败。但既然承担了任务就要完成，大家不认可就继续改。在这一过程中，我不仅学到了很多电脑制作与绘图的技能，还感受到了什么是坚持、什么是超越自我。

［设计意图］让学生感受小何虽多次经历挫折，但并没有失败；相反，她的坚持让大家敬佩。

（4）探讨：你认为小何失败吗？为什么？

生：她没有失败。凡事都要注重过程，结果固然重要，但过程会让人真正地成长。

生：她勇于承担责任很不容易。客观地说，虽然她与同学的沟通可能有问题，但是经历这次挫折让她学到了书本上没有的东西，这是很宝贵的财富。

［设计意图］引导学生对他人进行正向评价，进而反思自己对待挫折的态度。

三、深入：遇挫＝失败？

1. 反观自己

（1）投影展示：学生的"抱怨"。

竞标落选后："评委审美能力差""规则不公平""我们组最好，可是别人理解不了"……

合唱失利后："评委真老套，不懂舞台艺术""九班比咱们班差远了，他们都跑题了，评委却看不出来"……

学习退步后："咱们班老师没有文科实验班的好"……

［设计意图］让学生看到自己与他人的差距，激发学生自省。

（2）引导提问：同样是遇挫，和曼德拉、小何不同，我们满腹抱怨。这是什么原因呢？

生：我们有点儿消极，缺少乐观积极的心态。

生：只看见别人的问题，没有从自身找原因。

生：只注重结果，因为结果失败了，我们便认为努力白费了。

[设计意图] 让学生思考产生抱怨情绪的原因——只关注结果,并从评价别人转移到评价自己。

2. 认识遇挫的意义

(1) 深入追问:没有实现预期目标就是失败吗?

生:不是,因为我们在比赛过程中学到了知识,提升了自己。

[设计意图] 深入追问学生评判失败的标准。

(2) 继续追问:具体说说都提升了什么。

生:提升了我们的综合能力,比如绘画、设计、与人沟通等各方面的能力。

生:遇挫增强了我们的集体荣誉感,提升了我们对集体的认同感,使我们的团队凝聚力变得更强了。

生:凡是比赛,结果必然有胜负。失败是指意志消沉、自暴自弃。我们只能算失利,算遇到挫折,因为我们没有消沉。如果再给我们一次机会,我们会更有斗志去完成任务。所以说,遇挫提升了我们的抗挫能力。

生:正是这次落选使得团队合作问题凸显出来,让我们看清自己在沟通、计划、实施方面的不足。

[设计意图] 引导学生变换心态和视角,关注比赛过程给自己带来的成长。

(3) 继续追问:我们现在为什么不抱怨了?

生:因为我们看到了自己的收获。

生:因为我们不再只看结果,学会了欣赏过程中的精彩。

生:因为我们的心态更积极了,能够更冷静地看待挫折了。

[设计意图] 引导学生懂得,遇到挫折时变换视角和心态,就会发现它对我们的积极意义。

四、总结：遇挫≠失败

1. 学生总结

遇挫不等于失败。遇挫可以让我们懂得如何沟通，看到隐藏的问题，感受到团队的凝聚力，可以促进我们成长。

[设计意图]让学生对探讨内容进行归纳、强化。

2. 教师分享

15个无效的样稿使小何学会了负责与坚持；27年的牢狱生活让曼德拉学会了控制情绪，乐观地思考与学习，完成蜕变。遇到挫折时，如果我们只把它当作句号，就会认为自己很失败，从而停留在沮丧与抱怨中；如果我们转变心态和视角，就会发现它也可以是破折号，那么遇挫就不等于失败，因为它会为我们开启新的篇章。

[设计意图]指导学生变换心态和视角，懂得挫折是成长的催化剂。

后续教育计划

1. 召开"成功"系列主题班会："不做失败者""积极的心态促成功""强大的毅力促成功"。

2. 跟进班级制度建设：建立班午检演讲制度，话题为"遇挫名人如何成功"，每天5分钟。

>>> 奚畔·北京师范大学第二附属中学

告别拖延

班会背景

拖延，是指把今天要做的事情放到明天或以后再做。高中生每天学习任务繁重，但有的学生能抓紧时间完成，有的学生则因为拖延总是该交的作业交不了；学习计划因为一拖再拖，总是完成不了，最后都不想完成了；周末因为拖延，一直要到返校时才拼命补作业。据调查，班级中有50%以上的学生被拖延症困扰。许多学生自己也想改变，可一直没有勇气进行，导致拖延症愈演愈烈，影响到自信，甚至产生焦虑、失眠等情况。本节班会课探讨的是如何应对轻微的拖延症。

班会目标

1. 让学生了解造成个体拖延的主要原因。
2. 让学生了解拖延症给身心带来的主要危害。
3. 让学生了解、掌握告别拖延的主要方法，并选择马上行动告别拖延。

班会准备

1. 提前一至两天告诉学生班会讨论的主题，让学生自己回想在学习、生活中有没有经常拖延的情况，以便在班会上交流。

2. 教师提供《番茄工作法图解：简单易行的时间管理方法》《超级时间整理术：每天多出一小时》等书，由学生自由认领阅读，为班会上请学生介绍告别拖延的方法做准备。

> 班会过程

一、拖延，你好

1. 直面拖延

师：（导入）老师写硕士毕业论文的时候，先写了 1 万字的开题报告，报告得到了导师的肯定，在下一年再写完 2 万字的论文就可以了。但是一年过去了，我一个字也没写，因为我觉得该看的书还没看完，肯定写不好，所以总是想再等一等。看到有些同学顺利答辩毕业了，我好生羡慕，可依然没有动手写。每天我都在暗暗下决心，可没有一点儿行动。我开始怀疑自己是不是得病了，请同学们猜猜看：我得的是什么病呢？

生：拖延症。

[设计意图] 本节班会课需要学生交流自己的拖延经历、感想，教师用自己的拖延经历导入主题，会让学生的交流进入良性互动，从而达到让学生通过分享正视问题的效果。

师：同学们真是火眼金睛！的确，我得的是拖延症。拖延是指把今天要做的事情放到明天或以后去做，本质上属于心理问题。拖延症在程度上有差异，我们今天探讨的主要是轻微的拖延症。你们在学习、生活中有没有拖延经历呢？回顾一下你的拖延故事吧！

生：每次期中、期末考试前，我都想要仔仔细细地复习知识点，可总是一天拖一天，直到考前一天才匆匆翻一遍书，因此考试成绩总不理想。每次考完后我都下决心下次一定要好好复习，可至今也没有任何改观。我对自己很不满意。

生：妈妈让我自己整理房间，每周日下午 3 点要检查。我每次周六时就想整理，可都没来得及，到了周日早上，又想到要干别的事，最后总是到周日下午 3 点了还没弄好。我特别担心妈妈朝我发脾气，可每次都不会提前整理好。

生：我每周五放学回家时都会背一书包的书准备回家看，可到家后光顾着玩手机、电脑等电子产品了,就没打开过书包。直到周日晚上要返校时,才发现要看的书一本都没看、什么作业也没做,我只好丧气地背着那包书回到学校。这个问题每周都困扰着我。

[设计意图]学生交流个人学习、生活中的拖延经历,通过交流排解困扰,以便寻求有针对性的办法来解决问题。

2. 认识拖延

师:同学们,要认识拖延,我们就得分析一下造成你我做事拖延的原因有哪些。你们觉得有哪些原因?我先说说自己的想法,我主要是觉得还没准备好,还想看更多书,觉得那样才能写出高质量的论文。你们呢?

生:缺少监督,不自觉。

生:我觉得整理房间会很快,所以每次都留很短的时间,等到了真正整理的时候,又觉得来不及,但每次总欺骗自己——我会很快的!

生:干扰因素太多了,导致我回家后静不下心来做作业。

师:同学们说的都有一定的道理,下面是《拖延心理学》一书中的研究成果,我们来看看这些原因与我们自己分析的有没有吻合之处。(用PPT出示)

(1)我必须做到完美,而现在我还没准备好。
(2)如果我成功,有人就会受到伤害。
(3)害怕犯错误或受批评,什么也不做更安全。
(4)我做每件事都轻而易举,不费力气。
(5)按照别人的规定做事意味着屈服和失去掌控。
(6)如果我展现真实的自己,人们不会喜欢我。

师:我的拖延症就是第1条原因导致的,不能及时整理房间的同学的拖延原因与第4条非常吻合。第2条、第6条,我稍微解释一下。比如,老师布置了一份手工作业,你当天已做完,第二天本可以交,但周围同学都没做，你就不好意思交给老师，怕交了老师表扬你，批评其他同学，所以你选择拖延上交时间，以后再遇到这样的作业时你可能就不会及时去完成。

[设计意图] 列举 6 条导致拖延的主要原因，从感性分享提升到理性认识，厘清拖延背后的心理原因，使学生对拖延有正确的认知。

二、拖延，不好

师：认识了拖延之后，我们来归纳一下拖延具有哪些危害。
生：面对考试，我越来越焦虑。
生：我对自己特别不满意，觉得自己没用。
生：因为拖延，每次自己制订的计划都会被打乱，我有时会讨厌自己。
师：感谢同学们这么真诚的分享！我们来看一下拖延会导致的后果。
（用 PPT 出示）

外在的：
成绩下降
没有完成学业或者培训课程
丧失机遇
跟家人或朋友关系紧张，失去朋友
过度使用药物

内在的：
自责
无法集中精神
负疚感
失去享受其他活动的能力
欺骗感
紧张，身体上的疼痛

恐慌

抑郁

精疲力竭，内心压力大

失眠和其他睡眠问题

面对最后期限大脑的僵化

感觉孤立

（学生交流感想）

师：同学们普遍反映有因拖延导致内心压力重的情况，那我们今天就仔细分析一下这种情况带来的危害。（用 PPT 出示）

压力反应往往以"非战即逃"的形式表现出来，它是一项重要的生物机械设计，以保护我们免遭危险。……我们大脑的一个部位下丘脑会触发警报系统，使我们心跳加快，血压升高，能量被激发，并分泌出大量肾上腺皮质醇。……当我们处于慢性压力之下时，我们的身体就会不断地产生压力荷尔蒙，长期下去，压力荷尔蒙会破坏我们大脑的某些重要结构。这些大脑结构被破坏得越严重，脑细胞的修复能力和刺激新神经生长的能力就越差。

师：所以，拖延产生压力，而压力又会导致拖延，这样就会产生恶性循环，对大脑和身体造成危害。拖延还易导致自我效能感的缺失，让人越来越觉得自己无能，越来越讨厌自己。因为拖延，你的梦想就会离你而去。所以，拖延是梦想的杀手。

[设计意图] 本环节先调用学生对拖延的切身感受，再出示学者的研究结果。学生普遍认同这些结论。基于学生"内心压力大"的情况，从生物学角度分析拖延带来的压力以及慢性压力对身心产生的影响，让学生意识到拖延的危害。

三、拖延，再见

1. 告别拖延有方法

师：拖延对你我会造成一定的危害，那我们来想想如何与拖延说再见吧！首先，要相信自己。有哲人说过："要想改变世界，先要改变自己。"成长比成功更重要。不论何时，只要我们做自己想做的事情，通过自己的能力去完成，我们就会收获成就感，这是告别拖延的关键。班会前有的同学看了一些时间管理的书，现在请你跟大家分享一下你觉得具有可行性的告别拖延的方法。

生：我觉得写任务单有点儿效果。每天在便利贴上写好当天要完成的学习任务，做完一项就打钩。看着打满钩的便利贴，我觉得很有成就感。

师：感谢这名同学的分享。这个方法我们班同学有没有之前就使用的？请举手！（有5个学生举手）请你们说一说，写任务单你们坚持了多久，有没有效果。

5个学生都觉得这是一个适合自己的方法，大大提高了时间利用率。

师：感谢这些同学的真诚分享，我们在写任务单时先要按照轻重缓急对任务进行排序，重要的写在前面，或者用标号来体现；重要的先完成，做完打钩。记住：一定要写下来，写下来的文字是有力量的。

[设计意图] 设置本环节是为了开发学生的差异性资源。有些学生看过了时间整理方面的书，对告别拖延的方法有一定的了解。有些学生执行力很强，教师要注意发掘学生身边的"行动达人"，利用榜样的力量鞭策学生战胜拖延。

师：我们还可以用分解任务的方法，把任务分解成若干子任务，将每个子任务分配到自己的可用时间里。分解任务的精髓是简化，将你想要拖延的任务分解，使它变成若干简单的子任务，一开始你只需要完成一个子任务，休息一下，然后再开始完成下一个子任务。我建议同学们采用定专注时间的方法，让自己做事更加高效。我在这里介绍番茄工作法，番茄工作法主张用25分钟作为一个工作时间段，在这段时间内必须专注于眼前的任务，不找任何借口推脱，直到闹铃响起。然后休息 5 分钟，然后设定下一个 25 分钟。这种方法对那位周末因手机、电脑等电子产品而造成拖延的同学会有一定的效果。你们可以试一试！

[设计意图] 分解任务是教师从自身经历得出的战胜拖延的有效方法，既呼应了开头教师导入的论文拖延问题，也引导学生采用定专注时间的方法解决问题。这一步已涉及战胜拖延的核心——马上行动。

2. 专注做事可训练

课堂活动："舒尔特方格"训练。

师：这里给出一种测试专注力的简单易行的方法——"舒尔特方格"测试法。"舒尔特方格"（见下图）不但可以简单测量注意力水平，而且是很好的训练方法，又是心理咨询师进行心理治疗时常用的基本方法。

12	3	5	7	9
24	10	17	22	14
4	16	19	1	25
8	20	21	6	2
11	13	23	15	18

自制"舒尔特方格"

由 1cm×1cm 的 25 个方格组成，格子内任意排列 1 至 25 共 25 个数字。

测量方法：测量时，要求被测者用手指按 1 至 25 的顺序依次指出其位置，同时诵读出声。施测者记录所用时间。

评分标准：数完 25 个数字所用时间越短，表明被测者注意力水平越高。成人最快可达 12 秒，30 秒为中等水平。经常练习，可明显提高专注力。

[设计意图]"舒尔特方格"测试既可以活跃课堂气氛，又可以检测学生的专注力情况，给出了提升专注力的可操作的方法。

师：（总结）今天我们认识了拖延，知道了导致拖延的一些原因，也了解了拖延的种种危害，最后我小结一下告别拖延的四个关键：（1）相信自己；（2）写任务单；（3）分解任务；（4）定专注时间。告别拖延最重要的秘诀是马上行动！今天的课后作业是写下今天的学习任务单，坚持一周，下一周分享拖延症的治疗情况。

[设计意图]回顾整堂课，强化告别拖延的四个关键，布置课后作业促使学生学以致用。

后续教育活动

在本节班会课后全班评选出"行动达人"，让他们与有拖延顽疾的学生组成学习组，加强监督和反思，可以增强拖延症的治疗效果。班主任定期进行全班性的告别拖延情况追踪，帮助学生彻底告别拖延。

班会反思

本节班会课最初在高一年级召开，学生都觉得拖延确实是困扰自己的顽疾。班会开完后，通过家长的反馈，我了解到大部分学生周末回家时能先做完作业再娱乐。后来，高三年级班主任请我去上这一主题班会，高三学生的反响也很热烈，决心彻底告别拖延。

拖延是目前困扰高中生学习、生活的重要敌人，由拖延导致学业不良，甚至跟不上学习进度而放弃学习的学生有不少。拖延看上去是时间管理方面的问题，实质上属于心理问题，有相应的心理诉求。本课最大的意义在于关注导致学业不良的具体原因，站在学生的角度去理解他们的拖延行为产生的可能原因，并提出切实可行的解决办法。

>>> 鲍尔青·浙江省嘉兴高级中学

寻找阳光下七彩的我

活动背景

初二下学期,被大家俗称为"小中考"的生物、地理中考和零诊考试(摸底考试)即将来临,很多学生在心情日志中感叹压力太大,担心考不好,甚至没有勇气和信心面对这两场考试。的确,有部分学生整天精神不振,闷闷不乐,上课状态和作业质量大不如前。还有一部分学生更糟糕,甚至出现上课睡觉、发呆和应付作业现象。

人们在青少年时期面临的主要问题和困惑是自我认识不全面、不客观,这在他们面临较大压力时在很大程度上就会影响他们的情绪和生活。分析我班学生的状态,我发现他们只是因为多次失败,形成了消极的自我暗示,认为自己没有读书天分,面对即将到来的"小中考",更是觉得压力巨大,无法应对,于是就开始破罐子破摔,放弃自己。但从他们每次面对分数时沮丧的样子,又可看出他们内心深处其实不想放弃。因此,帮助学生发掘自身的优势和潜能,让他们学会利用积极的力量完善自身就显得至关重要。

活动目标

1. 让学生了解认识自己的重要性。
2. 让学生充分认识和了解自己的优势,树立积极的自我意识,掌握两种积极评价方式。
3. 让学生学会运用自己的优势,针对具体问题制定策略,营造积极的心理环境。

活动准备

1. 设计、填写、汇总、分析调查问卷。
2. 准备心形标签卡。
3. 制作绘本故事PPT。
4. 剪辑音频资料。

活动过程

一、导入：绘本欣赏

1. 播放乔恩·布莱克和阿克塞尔·舍夫勒的绘本故事《我不知道我是谁》视频。

故事概要：兔子达利B有好多烦恼：我是谁？我应该住在哪里？我应该吃什么？这些他统统不知道！而最让他疑惑的是他为什么长了一双大脚。一天，树林里来了一只黄鼠狼，其他兔子都躲进了地洞里，只有达利B还在树上傻乎乎地吃橡子。黄鼠狼爬上树要吃掉达利B，却被达利B的一双大脚给踢飞了。兔子们跑出来赞扬达利B是个英雄。达利B更疑惑了："黄鼠狼说我是兔子，怎么大家却说我是英雄呢？"

在舒缓的音乐声中，学生专注地观看视频，时而轻笑，时而微皱眉头。

2. 学生谈观后感。

生：兔子达利B不知道自己是谁，不知道该干什么，对自己没有准确的定位。正因为没有觉得自己战胜不了黄鼠狼，所以他才会打败黄鼠狼。

3. 教师总结。

师：达利B的确是一只天真无知又俏皮活泼，甚至有点儿傻傻的兔子。但是这只兔子却问了一个非常有智慧的问题："我是谁？"这个问题的确非常重要。印度有一句谚语："认识自己，你就能认识整个世界。"我国古代哲学家老子曾说过："知人者智，自知者明。"这两句话都包含了一个观点——认识自己。其实早在几千年前，古希腊人就把"认识你自己"刻在阿波罗神庙上。然而时至今日，不得不遗憾地说，人们距离"认识你自己"的目标仍然很遥远。人们总是喜欢看万物，看他人，就是看不到自己。平时，我们都喜欢评价别人，却往往忽略了评价自己。今天这节课，我们就将踏上寻找自己的旅程，去寻找阳光下七彩的我。

[设计意图]绘本故事《我不知道我是谁》看起来比较幼稚，但里面却蕴藏着一个深刻的主题：在真正认识自我的过程中，谁都有无法把握自己、准确定位自己的困惑，这时只有大胆地去面对、尝试，才能真正找到属于自己的七彩光芒。所以，在音乐声中欣赏绘本故事，不仅是为了营造轻松、愉悦的课堂氛围，而且是为了巧妙地引出本次班会的主题——认识自己并给自己贴上积极的标签，就可能成为最棒的自己。

二、我的自画像

1. 让学生用两分钟仔细思考自己在情绪态度、智力能力以及品德和人际关系方面所具有的独特之处，然后用"我是一个_____的人，因为我_____"的句式表达出来。每个方面至少写两句话。

教师示范：

A. 情绪态度

我是一个容易焦虑和不安的人，因为我一有棘手的事就总是心事重重。

我是一个容易欢喜容易忧的人，因为我总是因为一件小事就开心或忧郁。

B. 智力能力

我是一个比较聪明的人，因为我总是能够发现别人忽略的事。

我是一个能力一般的人，因为我感觉做任何事都不如别人顺利、轻松。

C. 品德和人际关系

我是一个比较讲公共道德的人，因为我做任何事都会想想别人的感受。

我是一个比较受欢迎的人，因为我拥有很多知心朋友。

学生时而凝神沉思，时而奋笔疾书，都在认真思考这个看似简单却较难回答的问题。教师巡视时发现大部分学生，尤其是学习成绩不太理想的学生对自己的评价都比较消极。

2. 让学生对自己的评价进行"+"或"-"标记，然后统计"+""-"各有多少。

标记方法：以"是否积极"作为标准进行评估。如果是积极评价，做"+"标记；如果是消极评价，则做"-"标记。

教师先以自己的评价为例做示范，告诉学生，其实"+"就是平时自认为做得比较好的方面，而"-"则是平时自认为做得不太好或想要做得更好的方面。

学生在给自己的每一项评价标记"+"或"-"时，大多表情严肃。大部分学生"-"的标记明显多于"+"的标记。

[设计意图] 设置这个环节主要是想通过补充句子的方式，让学生从三个方面对自己做一个比较简单的评价，有一个比较粗浅的认识，为下一环节的找优势活动做准备。

三、寻找我的色彩

1. 改变灰色的我

（1）让学生在自认为做得不好的方面回想自己做得好的事情。

师：刚才我们已对自己做了简单的评价，但这个评价真的是我们每个人真正的色彩吗？这可不一定。下面，让我们继续踏上旅程，去寻找我的色彩。我们先来改变那个灰色的我。其实，在我们自认为做得不太好的方面，一定也有做得比较好的事情，请仔细回想并将其写出来。

学生开始思考，但很大一部分学生迟迟没有下笔，他们有的皱着眉头，眼神迷茫；有的轻轻摇头，好像在表明自己没有做得比较好的事情。只有少数几个学生写了一两件事。

（2）学生交流、展示消极的自我评价，以及在相关方面做得比较出色的事。

有学生说自己不太擅长交际，但上周还是热情大方地接待了外国客人；有学生说自己总是不太自信，但是通过不断调整，对一向学得不太好的数学充满了信心，并且有了显著的进步；有学生说自己平时脾气暴躁，但有一次和朋友吵架后竟然能心平气和地安抚对方的情绪⋯⋯

其他学生非常认真地倾听，不时若有所思地点点头，不时有所感悟似的写起来。紧接着，更多学生开始分享。

（3）教师小结。

师：同学们说得很对，其实我们并没有那么差，我们不自信时，很可能是消极标签在作怪。就像达利B，他之所以能够赶走黄鼠狼，就是因为没有给自己贴上"兔子害怕黄鼠狼"的消极标签。那么，以后被他人或自己贴上消极标签时，我们该怎么办？

生：撕掉。

学生边回答边会意地微笑、点头，表示认同。课堂气氛又开始变得轻松起来。

2. 寻找七彩的我

（1）每个学生在标签卡的左边至少写出自己的三个优点。

师：我们要改变灰色的自己，但这还不够，我们还需要去寻找自己的七彩阳光。我这里还有一招要与大家分享——多给自己和他人贴积极标签！但是要实事求是，不要自我吹嘘和相互吹捧。下面请大家结合自身实际，在标签卡的左边至少写出自己的三个优点。可以参考美国心理学家塞利格曼博士与克里斯托弗·彼得森教授建立的6类24种人格力量。

用PPT出示6类24种人格力量。

学生开始在标签卡上写自己的优点。很多学生，包括一部分平时比较沉默寡言、自卑消极的学生，都找到了自己的优点。

（2）同组成员之间交换标签卡，在对方的标签卡右边写下至少一个优点和相应的事实依据。

这时教室里的气氛变得更加轻松，很多学生在给别人写标签卡时都面带笑容，满含对对方的欣赏。大部分学生标签卡右边的优点明显多于左边的优点，也有一部分学生的标签卡左右两边都写得密密麻麻的。

（3）学生展示和分享标签卡。

（4）教师小结。

师：标签卡的左边是自我评价，右边是他人的评价，两者合起来才是完整的我们。在生活中，我们只有撕掉身上的消极标签，为自己和他人贴上积极标签，才能真正拥有七彩阳光。对这两点，大家还有什么需要补充的吗？

学生思考后进行补充，认为还可以做到以下两点。

一是不用贬义的自我描述，多使用积极的自我描述，如"我语文学得好""我数学最近学得比较轻松"。

所有消极的"自我标签"，都是害怕失败，不敢尝试的结果。因此，我们应该勇敢地找一些自己以前不愿干、不会干、不敢干的事情，花一些时间认真做一做。

[设计意图] 这个环节是本次班会的主体部分，主要是想通过撕掉消极标签和贴上积极标签（通过自助和同伴互助），让学生充分认识和了解自己的优势，树立积极的自我意识，帮助学生掌握给自己和他人贴积极标签的方法。

四、为自己掌舵

（1）出示学生最近情绪和心理状况的调查结果。

师：对大多数兔子来说，不想面对、不敢面对的就是黄鼠狼。现在对我们班的大多数同学来说，最不想面对的事，无非就是生物、地理中考和随后的零诊考试。这是我们上次就同学们最近的情绪和心理状况所做的问卷调查的结果。

用 PPT 出示调查结果。

（2）让学生写出自己面对这两项考试时最大的困难。

师：看来，这两项考试已经变成了压在很多同学心上的大山了。其实，这也是我和全体科任老师心上的大山。那我们今天就来试试利用刚才找到的优点来搬走这座大山，为自己的未来掌舵。请大家在纸上写出自己面对这两项考试时最大的困难。

学生所写的困难，有的是静不下心来复习；有的是觉得生物、地理知识点太多，不想背；有的是觉得时间太短了，自己又掌握得很不好；有的是觉得压力很大，害怕考不好无法面对家长……

（3）针对困难，学生思考并写出解决办法。

师：大家都写出了自己的困难，那我们能否利用自己标签卡上的优点想出具体的解决办法呢？老师先给大家做个示范。

我的困难：有部分同学想学好，但是感觉力不从心。

我的优点：热爱学习，坚持不懈。

解决办法：①阅读专业图书和文章，学习有效的复习方法和应试技巧，比如思维导图、知识梳理和整合、有效记忆等方法，然后介绍给大家。②坚持和一些同学个别交流，并且有针对性地提出建议。

有少部分学生很快就写出来了，也有一部分学生抓耳挠腮，无从下笔。

（4）让已经写好的学生展示。

比如，有个学生写到自己觉得最大的困难是对生物的很多知识都不大懂，死记硬背后很快就忘记了；而自己的优点是充满热情且做事能够坚持不懈，所以想出的解决办法是：告诉自己"我能行"，不懂的地方多向老师和同学请教，坚持认真修改、整理错题。

（5）已经找到解决办法的学生帮同组其他学生一起想办法。

（6）让在小组帮助下想出办法的学生进行展示。

[设计意图] 这个环节承接上个环节，仍然是本次班会的主体部分。

在上个环节中学生充分认识和了解了自己的优势，但无论有多少优势，都必须发挥出来才有意义，才能真正帮助自己成功应对外界压力和心理困扰。所以，设置这个环节主要是想教会学生运用自身优势去营造积极的心理环境，真正做到从心理和行动上去应对心理困扰与各种现实问题。

五、"我真的很棒"

师：刚才我们经过努力发现"小中考"中的很多问题都能够利用自己身上的优点找出解决办法。其实，在人生路上我们会不断地遇到很多困难，都可以运用这个方法来解决。我相信大家都可以成为像达利 B 一样的英雄，找到属于自己的七彩阳光。最后，让我们一起在歌声中用简单的手语动作来结束这次班会。

全班起立，在教师的带动下，在伍思凯的《我真的很不错》的歌声中，边做简单的手语动作，边说"我真的很棒"，进行积极的心理暗示。开始，学生显得比较羞涩、拘谨，脸上挂着不好意思的笑容，动作也很慢，声音也很小。但重复几遍后，他们的声音越来越大，语气越来越坚定，脸上也开始挂上自信的微笑。

[设计意图] 这部分虽为结尾，但仍然很重要。结束语既是对本次班会做总结，同时也告诉学生认识自身优势和合理运用自身优势去营造积极的心理环境这个方法，不仅可以应对"小中考"的压力，也可以应对以后生活中的各种困扰。最后全班学生在老师的带动下一起做"我真的很棒"的手语动作，更是一种积极的心理暗示，可以强化学生的积极情绪。

课后反思

本节心理班会课主要是针对班里学生面对"小中考"时出现各种消极行为和情绪而设计的。因为活动环节清晰流畅，活动体验比较丰富，而且运用了大量积极心理学的原理和方法，各项活动也注重互动、交流，最大限度地调动了学生参与的积极性、主动性，所以，在活动过程中我能明显地感受到学生情绪的变化，尤其是那些最近在成绩上受挫较大的学生，到最后都变得满脸阳光了。

下课后，一个学生对我说："敬老师，今天这节班会课比您以前苦口婆心说 10 个小时都有用。"这句话让我既羞愧又高兴。的确，我们老是让学生去学别人，这对他们来说是多么困难的一件事啊！他们身上其实有那么多闪光点，那么多隐藏在不足背后的闪光点，我们为什么不能去发现呢？为什么不能引导他们自己去发现呢？为什么不教会他们利用自己的优点去面对学习和生活中的困境呢？

本节心理班会课仍存在遗憾。由于时间有限，在"我为自己掌舵"环节展示的学生略微少了点儿，这其实是一个相互分享、相互学习的好机会。所以下课后，我提醒学生可以多看看其他人的解决办法，以便自己借鉴学习。

>>> 敬仕凤·四川省成都市第七中学育才学校银杏校区

青春修炼手册

活动背景

场景一：那天监考时，我无意中看到某班的讲台上有张纸条，上面写着："我爱×××。"×××正是我班一名女生的名字。

场景二：我班某女生也许是无意中在上交的英语笔记本背面写了一句话："相恋一刻我只是侥幸。"

这些场景使我开始关注我班学生的情感状况，也为召开这节班会课埋下了伏笔。

学生进入中学阶段，由于青春期生理的发育和心理的发展，对异性产生好奇以及渴望接近、深交的心理需求，这是他们最大的心理特点。尤其是在寄宿学校里，生活相对单调、封闭，学习压力又大，部分中学生想通过谈恋爱给学习生活增添一丝色彩和活力，舒缓学习压力。特别是亲子关系存在问题的学生，由于缺乏父母的关爱和家庭的温暖，他们往往会采取恋爱的方式来补偿亲情的缺失。所以，高中阶段学生谈恋爱的现象还是比较普遍的。但是，大多数学生对恋爱的处理和把握不够成熟，而处理不当的恋爱会给学生的身心健康、学习、交友等带来极大的负面影响。针对高中生的这种情感状况，认真组织一节关于青春期情感教育的主题班会课是非常必要的。

活动目标

1. 让学生认识到渴望与异性交往是青春期心理发展的一种正常现象，男女生的健康交往对其身心发展有很大的促进作用；但是，恋爱是一把双刃剑，中学生还不懂得如何运用好这把双刃剑，因此进行青春修炼十分必要。

2. 让学生明白真正的爱情的确美好，但是要区分中学生恋爱和爱情，了解中学生恋爱不等于真正的爱情，引导学生更加理性地认识爱情，对中学生恋爱形成正确的价值判断。

3. 在男女生交往问题上进行心理疏导，让学生懂得健康的男女生交往应尽量避免过密行为，学会准确把握与异性交往的亲密程度，懂得美好的爱情需要等待的道理。

活动准备

1. 进行"青春修炼手册"问卷调查，了解学生对中学生谈恋爱的看法和态度，以及班里学生谈恋爱的现状。教师收集问卷，并统计结果。

2. 进行"我眼中的爱情"问卷调查，了解学生心目中的爱情、学生眼中父母的爱情是怎样的。教师收集、阅读问卷，并选出有代表性的答案。

3. 在学生采访父母前，通过QQ群给家长提供苏霍姆林斯基给女儿的一封信以及乐嘉写给15岁女儿的一封信，请家长阅读。

4. 学生进行"父母眼中的爱情"访谈。部分学生周末回家时对父母进行访谈，了解父母之间的爱情故事，也请父母讲讲他们对爱情的看法和建议，以及对正处于青春萌动期孩子的忠告和希望。要求录一段采访视频或者录音。教师选出有代表性的视频或者音频。

5. 排演情景剧《被爱打扰的烦恼》。

活动过程

一、导入主题：青春修炼

师：在我谈及要召开以爱情为主题的班会时，同学们似乎很兴奋，很期待，同时又带着一丝羞涩。诗人海涅说过："一到青春期，人们便抱有爱与被爱的急切欲望。"有一首很火的歌——《青春修炼手册》,相信大家都听过。今天,请大家跟着我的脚步一起来进行青春修炼。班会前的调查数据显示,我们班大约有47%,也就是将近一半的同学"对爱情充满期待",这在大家平时的QQ心情和QQ空间中也可以看出来。这是我在某位同学的QQ空间中看到的——"生日的愿望——脱团(意为脱单),已经脱团的要请吃饭"。而对"是否希望自己在高中谈恋爱"这个问题,36%的同学表示"不希望,会分心,影响学习",50%的同学表示"不知道,看缘分"。这说明同学们对这个问题的价值判断还是比较模糊的。在我们做出判断和选择之前,请问:到底情为何物?我们先来做个小游戏。

[设计意图]《青春修炼手册》是一首大家都很熟悉的歌,从歌曲名字自然地引出班会主题——关于青春期爱情的修炼。接着,用班会前所做调查的数据进一步激发学生参与的兴趣;也让学生从数据中了解自己并不是唯一对爱情充满期待的人,懂得青少年对异性产生好感、对爱情充满新鲜感是一种很正常的现象。

二、在游戏中感悟人生、爱情

1. 游戏:单人单脚跳,双人单脚跳

第一轮:选出三名男生,让他们站在教室前面单脚跳,跳到指定地点后再返回到起始点,完成一个来回。

第二轮:选出三名女生与刚刚参与单脚跳的男生组成三个男女组合,让他们站在教室前面,用绳子将两个人的一只左脚和一只右脚绑在一起,形成两人三足,且绑在一起的两只脚必须踮起来,脚后跟不能碰到地面。同样跳到指定地点后再返回到起点,完成一个来回。

游戏规则:单脚跳,中途必须捡起一个铃铛,跨越两个障碍物(水瓶)。其他学生可用呼喊声等分散参赛者的注意力,或者制造障碍、诱惑进行干扰。捡起指定物品、绕过障碍物且踮起的脚没有碰到地面,顺利跳完一个来回,为完成任务。如果踮起的脚碰到地面,则回到起点重新跳。

男女组合比赛开始时，双方因害羞而不敢亲密合作，但是为了共同的目标，他们很快就肩并肩或者相互搀扶着前进了。

2. 分享：游戏前、游戏中、游戏后的感受分别是怎样的？

游戏前：兴奋、期待。

游戏中：单人轻松，也有点儿忐忑，担心脚会点地；双人更稳，但不舒服，受束缚，没有想象的好，感觉还是一个人跳自由，双人要协调、步调一致才走得快。

游戏后：重获自由，如释重负。

师：这个游戏寓意着人生的道路就是充满障碍、磕碰和诱惑的。一个人单脚跳的时候，你感觉孤单无助，盼望有一个人跟自己患难与共。双人单脚跳的时候，虽然你不再害怕会轻易跌倒，但是两个人脚绑在一起时没有一个人时自由、灵活，甚至会受束缚而感觉痛苦。因此，必须想出一个妥协的办法来，否则两个人都会跌倒、受伤。这个游戏带给我们的启发是爱情就像双人单脚跳，如果处理不当，双方就会跌倒、受伤。

[设计意图] 对恋爱的话题，学生很敏感，也充满期待。通过游戏活动，一方面，让学生快速进入班会主题情境；另一方面，让学生体验两个人在一起为一个目标共同奋斗的时候需要哪些条件，会遇到什么困难等。

三、探究、理解真正的爱情

1. 自测：我恋爱了吗

把自测题发给学生，让学生现场作答，一分钟后上交。

以下情形与你所想的是否吻合？若是请打钩。

（1）当和 tā 在一起时，我发觉好像两个人都想做相同的事。（　　）

（2）我认为 tā 非常好。（　　）

（3）我愿意推荐 tā 去做为人所尊敬的事。（　　）

（4）以我看来，tā 特别成熟。（　　）

（5）我对 tā 有高度的信心。（　　）

（6）我觉得和 tā 相处的人，大部分对 tā 都有很好的印象。（　　）

（7）我觉得 tā 和我很相似。（　　）

（8）我愿意在班上或团体中做什么事都投 tā 一票。（　　）

（9）我觉得 tā 是容易让别人尊敬的一个人。（　　）

（10）我认为 tā 是十二万分的聪明。（　　）

（11）我觉得 tā 在我所有认识的人中，是非常讨人喜欢的。（　　）

（12）tā 是我很想学的那种人。（　　）

教师分别请打钩少于 6 题、6 至 8 题、8 题以上的学生举手。

学生表情羞涩，在短暂的面面相觑后，根据教师的提示举起了手。打钩少于 6 题的约有一半学生，打钩 6 至 8 题的约有三分之一的学生，打钩 8 题以上的约有六分之一的学生。

师：亲爱的，即使你 12 道题全打钩，这仍然不是爱情！正所谓"哪个少女不怀春，哪个少男不多情"。这是歌德《少年维特之烦恼》中的名句。对异性产生好奇、欣赏和渴慕，是青春期心理发展的一个特点。青春萌动的心理特征包括兴奋、惊喜、害怕、害羞、茫然、矜持、直率、烦躁等，这些都是正常的心理现象。

[设计意图] 通过测试，让学生了解在中学阶段对异性产生好感和欣赏是一件很正常的事情，这并不等同于爱情。同时，让学生了解青春期的心理特点。

2. 分享：我眼中父母的爱情是这样的……

问题 1：在你眼中，父母的爱情是怎样的？请简单描述一下你父母（爷爷奶奶或者身边的人）的爱情，可举例说明。

问题 2：你心目中的爱情是怎样的？用最简洁的语言或图画描述你心

中的爱情。

让学生分享答案，展示有代表性的答案。

生：在我眼中，父母之间的爱情并不惊天动地，并没有言情小说中那种戏剧性的情节，他们的爱情是细水长流的，是永恒的。他们从不会在众人面前说"我爱你"，但是他们会在对方背后默默地付出。我眼中的爱情：我向往父母那种细水长流的爱情，但我也希望我的爱情中能有一些惊喜、浪漫。

生：我外公外婆的爱情就像白开水，平淡、朴实，却沁人心脾。外婆是个强势、执拗的人，而外公恰恰相反，深沉如山，包容她的点点滴滴。他们之间的默契和关心常常让我感觉十分温暖。我眼中的爱情：能够为了共同的目标、为了彼此更好的未来而努力。

生：在我眼中，父母的爱情就是平日里小打小闹，但在关键时刻都十分关心对方，与对方共同进退，不离不弃。即使有时有些小矛盾，但风雨终会过去，仍会变回相亲相爱的小两口。我眼中的爱情：不离不弃，终生不渝。

生：在我弟弟还是小婴儿时，爸爸每天都要兼顾工作与家庭，他虽然辛苦却也快乐，妈妈时常会发些小脾气，但爸爸会包容她；妈妈也会熨好爸爸的每一件衬衣，照料他的一切。

师：听了同学们眼中父母的爱情，我们再来看看父母的理解与我们是不是一样呢？让我们进入下一环节：父母眼中的爱情。

[设计意图]让学生分享他们眼中父母的爱情的目的，是让学生在生活常态中发现爱情，了解和认识什么是爱情，感悟生活，感知生活的美好。

3. 分享：父母眼中真正的爱情是这样的……

展示有代表性的学生父母对爱情的看法的视频或音频。

A妈妈：爱情就是两个人有共同的目标，然后向着这个目标共同努力。在爱情里首先要讲的是责任和担当，而只有自己有能力了，才能谈责任、谈担当。所以，你现在只有把精力放在学习上，学会独立，将来才能谈责任和担当。

B 妈妈：相似的价值观是婚姻持久稳定的基础，而价值观要等到一个人踏入社会后才基本成形。因此，求学阶段的爱情大多数就像肥皂泡一样，多彩而又容易破灭。

C 爸爸：爱情除了卿卿我我，更多的是生活中细节的考验，例如成家以后对家庭的承担能力。真正的爱情是建立在两性成熟基础上的互补、互助。

D 爸爸：我觉得真正的爱情就是你情我愿，情愿为对方做很多事，情愿为对方放下一切，情愿为对方妥协，情愿在风雨兼程中共同度过一生。

师：在听了几位爸爸妈妈对爱情的看法以及给予我们的建议后，相信我们对神圣的爱情有了更加深刻的理解。爱，不仅仅是两个人的卿卿我我、儿女私情，更多的是责任和担当。所以，此时的我们应当积累爱的资本，当我们有能力谈责任和担当的时候，再去看待这份美好……

[设计意图] 让家长分享他们的爱情观是为了引导学生更加深刻地思考和理性判断，让他们明白真正的爱情最重要的是责任和担当，从而知道在中学阶段谈恋爱存在先天不足。

四、案例分析：中学生恋爱的烦恼与危害

1. 表演情景剧《被爱打扰的烦恼》

三名学生表演情景剧《被爱打扰的烦恼》，主要通过演绎和旁白表达内心感受。

Bobo 知心大姐姐：

我现在的心情没人能理解，好想您！您一定能理解，对吗？您知道吗？我最近认识了一个帅哥。他长得挺帅，是我们高一年级的学生。我们是在学校组织的一次联欢会上认识的，一开始也没觉得他有什么特别的，

可越交往越是发现我们有那么多相同的地方，有那么多共同的话题。我觉得和他总有说不完的话。只要和他在一起，我就会忘记所有的痛苦。前几天，他还送了我一个漂流瓶。他说，我晚上搂着它睡觉，就不会感到害怕了。现在我们每天相约一起上学、放学，他还帮我背书包。

可我却越来越搞不懂自己了，我变得不爱和其他同学说话，越来越多的是心烦意乱的感觉，常在上课的时候走神。而且，看到他和别的女孩子说话，我的心里特别不是滋味，可又不敢对他说。老师也对我产生了怀疑，还专门找我谈话，问我这段时间学习状态为什么没有以前好。我不敢说，就说身体不舒服。老师没再问什么，可我回家后却纠结了很久，满脑子都是他的影子。Bobo，您能体会我现在的感受吗？

我周围的好朋友，都挺赞同我们在一起的，可老师却总是在课上课下对我进行不点名的批评。这真的让我非常苦恼。这难道就是爱情吗？我应该怎么办？即使我们真的是在谈恋爱，难道就是错的吗？

信任您的 CC

学生在剧本的基础上，增加了很多贴近本校学生生活的场景，比如，男生给女生赠送漂流瓶表明心迹，甚是精彩。两名学生的表演和女声旁白把他们在青春期遇到的问题和内心的纠结表现得淋漓尽致，引起了全班学生的巨大共鸣，也使课堂气氛变得格外轻松。

分组讨论、交流：这是不是爱情？如果是你，你会怎么做？

生（男）：这应该算是爱情吧！爱就是两个人相互有好感，但是他们遇到的问题很多，他们的爱情之路并不平坦。

生（女）：我认为这并不是爱情，爱是克制。真正的爱情牵涉的东西太多了。如果是我，我会理性地把这件事告诉信任的人，把自己的重心放在学习上，毕竟她现在受到的影响很大，对她的心理造成很大压力。

生（男）：她就是早恋了呗！早恋在中学时只能是地下组织啊！

师：大家说的都有道理，其实CC陷入了早恋的情感旋涡。早恋是指在生理和心理上还未完全成熟的青少年之间发生的恋爱现象。中学生恋爱有以下特点：

①朦胧性：说不清，道不明。

②单纯性：在爱面前，不考虑金钱、社会地位等。

③冲动性：中学生恋爱容易感情用事。

④盲目性：中学生还不了解自己是什么样的人，也不清楚自己想要找一个怎样的 tā。

⑤不稳定性：中学时期是人生理和心理急剧变化的时期，随着人年龄的增长和阅历的提升，这种爱恋极有可能化为乌有。

[设计意图] 学生表演的情景剧十分真实，让人感觉就是发生在身边的事，容易引起学生的共鸣，让学生切实感受到青春萌动时的兴奋、惊喜、害怕、害羞、茫然、矜持、直率、烦躁、纠结、矛盾等，从而让学生总结出中学生恋爱的特点。

2. 观看新闻视频：中学生恋爱的危害

视频 1 概要：湖北省房县两名 14 岁初中生因为谈恋爱和女朋友发生矛盾，想不开而相约跳河。视频中记者就如何看待早恋问题采访了中学生，并指出学生的心理健康问题不容忽视，特别是现在大多数学生都是独生子女，缺少朋友，孤独感比较强，在遇到情感问题时更容易出现心理问题。

视频 2 概要：江苏省 15 岁花季少女因恋爱受到父母反对，选择跳楼轻生，民警上演奇迹救援。

引导学生分析中学生恋爱的危害。

①难以持久，缺少承诺，大多是没有结果的。

②多半是不理智、不成熟的选择，容易造成过度狂热和痴迷，从而影响学业。

③在遇到挫折——感情转移、争吵、分手等情况时，易产生偏激行为，如殉情、恶性报复、盗窃、自杀、杀人、离家出走等。

④发于青春期性躁动期，自我约束力较弱，容易发生性行为，而过早发生性行为会产生一系列恶劣的后果，比如性心理创伤、怀孕、堕胎等。

师：在青春期产生对异性的萌动心理是一种正常的现象，关键在于我们如何看待，如何把握与心仪异性相处的亲密程度。如果你喜欢 tā，是否可以换一种方式来表达你的关爱？例如，在 tā 需要做值日的时候，你可以主动大方地帮 tā 一把而非私下卿卿我我；或者作为某个科目学霸的你，可以在 tā 需要的时候为 tā 讲解题目，借笔记给 tā。但是，一切皆要把握好尺度！

[设计意图] 恋爱教育的难点在于如何引导学生认识中学生恋爱属于为时过早。视频中的例子反映了中学生恋爱不当会给学生、家庭甚至社会造成巨大危害。通过分析，让学生了解中学生恋爱潜在的危害，了解中学生恋爱的压力来自经济、伦理道德、学业等各个方面，将问题归结于"早"而非"恋"。

五、青春修炼：遇见最美的自己

1. 家长寄语

用视频或音频展示家长的期望。
妈妈们希望女孩子：矜持、纯真、善良、独立。
爸爸们希望男孩子：正直；大气；自立自强；只有当你的肩膀足够宽大、厚实时，才能撑起一片天空。

2. 教师寄语

美丽需要等待

没有人愿意观赏提前开放的花朵，它的形态太娇太嫩。没有人愿意品尝尚未成熟的果子，它的味道又苦又涩。爱情是美好的，但是发生在不恰当时机的爱情却会成为美丽的错误。因此让我们藏起这份美好，努力把自己变得优秀，在最美的时光遇见最好的自己，这就是我们的青春修炼必修课。

[设计意图]通过展示家长和老师的期望,让学生明白要把握住自己的青春,让自己变得更加优秀、有责任、有担当。教师寄语对本节班会课进行总结和升华,让"美丽需要等待"这一道理刻入学生的青春修炼手册中。

活动反思

1. 班会前我的准备非常充分,包括课前让学生参与问卷调查,布置作业让学生回家采访父母,以及在学生采访父母前给家长提供相关阅读材料。参与准备活动,已经引起了学生对主题的思考,父母的现身说法也给学生上了生动的预备课。同时,我希望家长与我达成共识,也采用疏而不堵的方式对待中学生恋爱问题。

2. 恋爱的话题很大,也很老套,容易变得假大空。如果一味地说早恋的害处,不触动学生的内心,班会只能浮于表面,没有说服力。所以,在班会设计方面,我走的是比较温情的路线。无论游戏、自测活动,还是学生的分享、表演,抑或是家长的分享、老师的解说,都意在引导学生从感性到理性地认识恋爱的利弊,并从不同的角度去理解爱情。

3. 采用多种形式的活动和情境再现方式,学生的互动性较强,参与度也比较高,既让班会显得生动而不呆板,又能引起学生的共鸣,还可以引导和启发学生主动思考实际生活中已经或者容易出现的问题。

4. 我在每一项活动以及任务完成后的总结深度不够。例如,在学生激情洋溢的分享后,我只是草草地进行了点评和总结,而非进一步推动和升华。当然,这也受限于时间。另外,我在启发学生方面的问题设置还有待提升。

5. 本节班会课在重点、难点剖析上深度不够,对中学生恋爱危害的讲解还停留在表面。这是今后再召开此类主题班会时要重点思考和突破的。

导师点评

这是一节比较完整的公开课。让学生在游戏中认识爱情的两面性是一个很大的亮点,这可以让学生体会、分享真实的感受,这种真实体验的效果胜于言传。接着让学生从感性的认知中体会爱情是什么,再借助案例展示中学生恋爱的烦恼与危害。整节班会课设计得很充分、很精心,对时间的把控也很好。但是应该有重点、难点的突破,教师应该在中学生恋爱问题的症结在于"早"而不在于"恋"这一点上进行深度剖析。"友情在左,爱情在中,亲情在右",在适当的时候,友情会酝酿出爱情,爱情会升华为亲情,所以这三者的关系还应该再分析得清楚点儿。

>>> 张宝文·广州大学附属中学

文明发圈，悦己利人

班会背景

在当今信息化时代，微信朋友圈作为沟通平台之一，受到了越来越多人的青睐。目前我们初一（1）班大部分学生都在使用微信朋友圈。作为学生的好友，我经常看见他们发朋友圈展现自己。一次，一位家长主动与我沟通，说发现班级同学竟然把丑化他家孩子的照片发到了朋友圈里，好多同学都评论了，甚至点了赞。虽然最后事情圆满解决了，但是自此我开始关注学生的朋友圈。

通过问卷调查，我发现学生不理解什么是文明的朋友圈，他们每天在朋友圈里发的内容五花八门。和他们聊天时，一名学生说："朋友圈也没规定，发什么都可以。"针对学生对朋友圈的不同认知，以及把丑化同学的照片发到朋友圈里等不文明现象，我决定开展以"文明发圈，悦己利人"为主题的班会。

朋友圈是大家的，每个人都有责任发挥"空气净化器"的作用，呵护好朋友圈的环境，推动文明宣传，让朋友圈成为传播正能量的文明圈，释放更多的文明价值，并通过它让这种价值辐射到更大的范围，让文明之花处处绽放。

班会目标

1. 了解大家喜欢朋友圈的原因。

2. 从发、赞、转三个角度，以层层递进的形式展开讨论，帮助学生认识到文明的意义，并深入理解建立文明朋友圈的意义——悦己利人。

3. 让学生共同建立朋友圈文明公约，学会文明发朋友圈，并通过朋友圈让文明的价值辐射到更大的范围。

班会准备

一、教师准备

1. 设计、准备调查问卷，实施调查并整理、分析调查结果。
2. 在征得学生同意后，搜集学生参加"社区文明使者"活动的图片和班级学生发朋友圈的图片。
3. 将学生分为几个小组，便于讨论、交流。
4. 制作PPT。

二、学生准备

1. 辅助教师整理调查问卷。
2. 主动提供发朋友圈的图片。
3. 组成小组。

班会过程

一、引入环节：喜人之心，悦己者美

1. 调查数据展示

主持人：前不久咱们班做了一个手机使用小调查（用PPT出示，见下图）。据老师统计，咱们班30名同学都在使用手机，其中27人经常用手机刷微信朋友圈，占班级总人数的90%，周六、周日刷微信朋友圈的人次竟然达到了42次。由此可见，使用微信朋友圈已然成了很多同学重要的

生活内容。尤其是3月份我们开展了"社区文明使者"公益活动，很多同学不约而同地以发朋友圈的形式进行了分享。

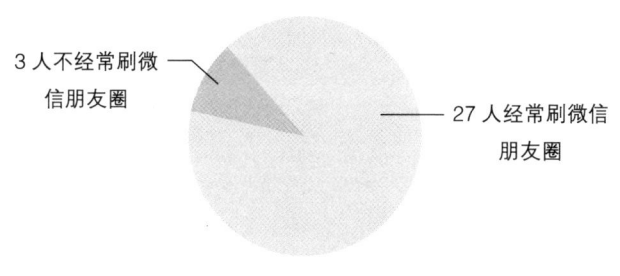

手机使用小调查

2. 晒晒朋友圈"社区文明使者"活动照片

主持人：我们从同学们分享到朋友圈里的照片中挑选了三张具有代表性的照片，分别是学生本人、班集体，以及活动中同学们抓拍的他人的照片（用PPT出示三张照片）。大家看，第一张是某同学发在朋友圈里的自己弯腰摆放公共自行车的照片，第二张是老师截取的同学们不约而同地在朋友圈里展示的活动情境的照片，第三张是某同学发的老大爷和他们一起刷洗社区广告栏的照片。

学生看见自己发在朋友圈里的照片被展示出来，并且照片里有自己劳动的镜头时，非常高兴。第一张照片里的学生还情不自禁地指着照片给旁边的同学看。

3. 宣布班会主题

主持人：大家看见照片都笑了，今天就让我们在这愉悦的氛围中走入班会，我宣布"文明发圈，悦己利人"主题班会现在开始。

[设计意图] 用学生个人、集体的文明之举，以及学生发现的素材导入。当学生看见自己发在朋友圈里的照片被展示时，情不自禁地露出了喜

悦之情，自然而然地融入班会氛围中。

二、展开环节：惠人之心，悦人者美

1. 小采访，大收获

主持人：我们首先采访一下第一张照片中的同学：你为什么把自己摆放公共自行车的照片发到朋友圈里呢？

生：能参加这样的集体活动，我感觉非常荣幸而有意义，我为自己成为一名文明小使者而自豪。

师：你的这种自豪感，老师也感同身受。而且我发现活动当天很多同学不约而同地把班级活动照片发到了朋友圈里，大家为什么这么做呢？

生（班长）：老师，我们都有一种体会，就是我们集体的文明行为会让我们的社区变得整洁、干净，会让身边更多的人受益。

师：你说得特别好，我们的文明行为一定可以让更多的人受益。老师还发现有一名同学在朋友圈里发了社区老爷爷参与活动的照片，你为什么发老爷爷的照片呢？

生：因为我感觉是我们的文明行为感染了老爷爷，老爷爷是主动参与到我们的活动中的。所以，我特别自豪，我们的行为影响了他人。

[设计意图]紧扣上一环节，结合"社区文明使者"活动中学生发朋友圈的内容，以访谈的形式讨论发朋友圈的原因，让学生初步感受文明发圈带给我们的愉悦感和荣誉感。

2. 小圈子，大讨论

（1）选择问题

主持人：我们在使用朋友圈的时候，经常会发朋友圈、赞朋友圈、转朋友圈。老师提前将关于发朋友圈、赞朋友圈、转朋友圈的三个讨论问题写在纸条上并装入了A、B、C三个纸盒中。现在我们把全班分成三个大组，由每位组长抽取一个纸盒，三个组根据纸盒中纸条的内容进行讨论。请注意：组长是组织者，一名同学负责记录，组员们依次发言。最后推荐一位组员整理本组具有代表性的发言内容，在班里阐述本组的讨论结果。

三位组长慎重地选了纸盒，拿回本组后迫不及待地打开，组员们一起就本组的讨论问题开始讨论。

A.请讨论：什么样的内容适合发朋友圈？什么样的内容不适合发朋友圈？

B.请讨论：点赞的标准是什么？

C.情境1：学生H和E是好朋友，H开玩笑把E的照片丑化后发到朋友圈了，好多同学不仅点赞，还转发了。E有些郁闷，但为了这件事伤了和气也不值得。

情境2：老师在朋友圈也遇见了类似的事情。大家转发文章："各科老师被困在电梯里的反应：语文老师正在写遗书，数学老师开始计算电梯的长宽高，英语老师开始说起电梯的英语单词……"下面好多同学都评论了，认为文章"说得对"。老师看了哭笑不得，被调侃的滋味不好受。

请讨论：①看见这样的信息你会转发吗？为什么？

②换位思考，如果你是E（或老师），你希望大家怎么做？

（2）交流展示

主持人：讨论已经结束了，请三个组的代表先陈述问题，然后阐述本组的讨论结果。如果其他组同学有补充，也可以参与发言。发言结束后获得掌声最热烈的小组，就是本次活动的优胜组。同学们加油！

学生讨论、交流的结果见下表。

学生讨论、交流的结果

问题	结果
发朋友圈的问题： 什么样的内容适合发朋友圈？ 什么样的内容不适合发朋友圈？	1. 从个人的角度讲，只要是宣传正能量的内容都可以发朋友圈。例如，下雨天，小田和妈妈一起给小区里的野狗妈妈搭了狗窝，不让小狗挨雨淋。同时，我们一致认为低俗的内容不可以发朋友圈，比如，为发泄情绪而骂脏话。 2. 从社会的角度讲，有助于他人的、弘扬社会正气的内容都可以发朋友圈，而且要积极发。例如，小区里有一位老爷爷走丢了，我看见朋友圈里朋友们都在发这条信息；还有老大爷过马路不方便，执勤辅警来个"公主抱"，这样宣传社会文明的信息应该积极发朋友圈。同时，我们认为虚假的信息、谣言以及带有诅咒内容的不可以发朋友圈。
赞朋友圈的问题： 点赞的标准是什么？	首先，值得我们学习的行为、需要我们提倡并弘扬的内容，我们应该积极点赞；对方提出需要帮助点赞的时候，我们可以点赞支持。 其次，对个人自我展示的行为，点不点赞都可以。 最后，别人伤心或者生病的时候，我们最好不点赞。
转朋友圈的问题： 1. 看见这样的信息你会转发吗？为什么？ 2. 换位思考，如果你是E（或老师），你希望大家怎么做？	首先，通过换位思考，我们小组的观点是：开同学玩笑、随意调侃老师等类似的信息不应该转发，因为没有顾及同学和老师的感受。 其次，我们不应该把涉及个人隐私的信息公开并传播。 最后，我们在转发时不仅要让自己开心，更重要的是要注重别人的感受。

师：大家交流的观点非常全面，能够辩证、换位思考问题。通过分享彼此的观点，你们对朋友圈有什么新的认识呢？

生：我们在发圈、赞圈、转圈的过程中不仅要取悦自己，更重要的是要考虑对方的感受。这样，我们在使用朋友圈的时候才会更加舒适。

师：（小结）取悦自己可能是我们一开始发圈、赞圈、转圈的初衷。通过分享我们懂得了悦己的同时还要利人，这样才能营造更好的朋友圈氛围。同学们还有补充的观点吗？

生：结合我自己在网上看见的对朋友圈的一些评价，我感觉悦己利人就是在创建文明的朋友圈。

师：你概括得太精彩了！（全班鼓掌）对，这实际上体现了个人的文明素养。

[设计意图] 组长挑选纸盒的环节激发了大家参与的热情。三大组学生分别从发、赞、转朋友圈三个角度进行论述。通过交流、分享观点，全班学生形成了使用朋友圈要悦己利人的共识。在教师的进一步启发下，学生进行补充，最终概括出悦己利人体现的是我们自身的文明素养。

三、深入阶段：文明发圈，悦己利人

1. 形成共识，建立公约

主持人：在使用朋友圈的过程中，虽然我们知道要悦己利人，但有些时候我们也会忽略这一点。大家有什么好方法吗？

生：我们往往是依据个人习惯去发、赞、转朋友圈。为了实现悦己利人，我认为我们应该制定类似于班级公约这样的朋友圈公约。

生：你的提议非常好，朋友圈公约可以提醒我们应该遵从哪些行为，才能真正做到"文明发圈，悦己利人"。我特别支持你的观点！

主持人：大家的看法呢？

生（全班）：同意。

2. 文明绽放朋友圈

主持人：我们全班同学先以小组讨论的方式写出文明发圈公约。各组同学在讨论结束后以"开火车"接龙的方式依次进行补充。要求语言精练，主旨鲜明。

组1：给朋友圈的文明行为多点赞。

组2：让朋友圈多些正能量。

组3：转发寻物、寻人启事，伸出友谊之手。

组4：推动文明宣传，让朋友圈释放更多文明价值。

组5：不造谣、不信谣、不传谣。

组6：不发涉及别人隐私的内容。

组1：不发带有诅咒的信息。

组2：少连续刷屏博取眼球。

组3：不发低级趣味、道德绑架的内容。

……

主持人：现在请同学们把刚才的公约内容依次写在班级公约纸上。希望大家遵守公约，净化我们的朋友圈，真正做到"文明发圈，悦己利人"。

师：这节班会课因为要分享朋友圈的照片，所以我们允许大家课堂上带手机。刚才我看见有一名同学已经把班级的文明发圈公约拍照发到朋友圈了。你来说说为什么这么做。

生：我希望借助朋友圈，把我们班级制定的文明发圈公约分享给更多朋友，让大家也意识到文明发圈的重要意义。

师：你考虑得特别细致，我们完全可以借助微信朋友圈去倡导朋友圈的文明。

[设计意图] 在全班学生形成共识，建立公约后，小组以"开火车"接龙的方式共同书写班级的"文明美德绽放朋友圈"公约。针对学生将公约发朋友圈的现象，教师积极引导，鼓励学生借助微信朋友圈去倡导朋友圈的文明。

四、总结阶段：文明发圈，共享文明

主持人：伴随着文明发圈公约的建立，我们的班会进入了尾声。下面我们邀请班主任老师为本次班会做全面的总结，大家欢迎。

师：同学们，今天通过展示问卷调查数据、晒"社区文明使者"活动照片，我发现大家都非常喜欢发朋友圈。通过深入采访、讨论，我们逐渐意识到文明发圈、悦己利人的重要性。最终，我们形成了"文明美德绽放朋友圈"的班级公约。老师认为我们制定公约的行为是非常有意义的。举一个例子，在社会上，利用微信朋友圈传播正能量已经在众多微友中盛行。例如，一条呼吁提高市民素质的公益微信，就在哈尔滨微友中大量转发："我在中国哈尔滨，我愿意遵守公共秩序，开车礼让行人，对面来车不开大灯，走人行横道……如果你愿意，请转发这条公益微信，提高国民素质从我做起。"该微信引起广泛共鸣，许多人主动转发这条微信，并加上自己的承诺。通过微信朋友圈传播和倡导文明正在成为微友们的一种新时尚，我们可以借鉴并学习。除了在班级里制定文明发圈公约，我们还能做些什么呢？

生：借助微信朋友圈，将我们的公约分享给自己的家人、朋友。

生：我们可以走进社区去宣传文明发圈的重要性，让更多人一起为建立文明朋友圈、共享文明社会而努力。

[设计意图] 通过教师开放式的总结与启发，从社会层面引导学生建立文明朋友圈，从文明朋友圈的建立到共享文明社会，使班会的意义再次提升。

拓展延伸

1. 在班级里张贴制定的"文明美德绽放朋友圈"公约，并组织学生以微信承诺书的形式发朋友圈，引导学生按照公约实践自己的行为。

2. 在班级里推选圈内"最受欢迎人物"，让他们发表上榜感言，逐步引导学生将朋友圈建为文明圈。

3. 让学生制作手抄报等宣传单并带回家到社区发放，让家人及身边更多朋友参与到建立文明朋友圈的行动中。

班会反思

1. 班会的取材贴近学生的生活。微信朋友圈是学生可聊的话题，因此班会引起了学生的兴趣，激发了他们思考、交流的欲望。

2. 班会上开展了问卷调查、价值澄清、制定文明公约等多种活动，这些活动深入浅出，帮助学生深入理解了文明的含义，即悦己利人，取得了不错的教育效果。

3. 为了保证文明发圈活动持之以恒地进行下去，以这份公约为契机，后面继续开展系列活动，包括开展社区公益活动——发放"文明美德绽放朋友圈"宣传单，制作"文明活动美篇"发布学生在朋友圈的文明之举等，让学生真正长期参与到建立文明朋友圈的行动中。

>>> 刘丽堃·北京市景山学校大兴实验学校

慎思明辨，理性从众

活动背景

从众，是一种普遍存在的心理现象，通俗地说，就是随大流。从众现象既有积极意义，也有消极影响。由于中学生的文化知识、生活阅历、社会经验等相对比较缺乏，加之自制力较弱，所以，在大多数情况下，学生的从众行为都会产生消极作用。例如，看见别人穿戴时髦会为自己的朴素感到寒酸，发觉别人在谈恋爱会为自己的本分而叹息，于是，一向朴素的学生赶起了时髦，一向本分的学生也谈起了朋友。这些盲目的从众行为对中学生的成长非常不利。因此，让学生客观地认识从众行为，学会理性控制自身的行为，避免盲目从众所带来的消极影响，对学生的成长具有长远的积极意义。

活动目标

1. 通过活动和体验，让学生认识到从众是一种普遍存在的心理现象。
2. 引导学生全面、客观地认识从众心理，明辨从众行为的利与弊。
3. 培养学生独立思考和辨别是非的能力，避免盲目从众的思想和行为。

> 活动过程

一、创设情景，让学生初步感知从众心理

1. 毛毛虫实验

师：上课之前，我先给大家讲一个著名的心理学实验——毛毛虫实验。（用课件出示图片）把许多毛毛虫放在一个花盆的边缘上，使它们首尾相连，围成一圈，并在花盆周围不远处撒一些毛毛虫爱吃的食物。这是法国自然科学家约翰·法伯曾经做过的一个实验。请大家预测一下：实验会是怎样一个结果？毛毛虫会是怎样一个结局？

（教师随机采访班里的学生）

生：毛毛虫不会像之前那样有秩序地排成一圈，而是乱作一团……

生：结局很简单，毛毛虫会疯抢食物……

生：为了抢夺食物，毛毛虫会相互攻击……

师：很遗憾，大家的猜想都是错误的。这些毛毛虫不仅没有乱作一团，更没有疯抢食物和相互攻击，而是一只接一只地沿着花盆的边缘继续绕圈爬行，没有一只爬向食物，直至最终饿死。

生：（大呼）这是怎么回事？为什么会出现这样的结果？

师：其实原因很简单，毛毛虫有一种跟随者的习性，总是盲目地跟着前面的毛毛虫走。

生：（惊讶）它们只是固执地跟着前面的毛毛虫绕圈子，而不去觅食，最终饿死在食物旁边。这太不可思议了，甚至有点儿可笑……

师：这个结果确实不可思议，甚至有些可笑。但我要告诉大家的是，其实这个结果一点儿也不可笑。像毛毛虫这种盲目跟随的情形在我们的生活中也是时有发生的。

2. 游戏测试

师：看到大家的表情我就知道，同学们现在对老师的说法肯定心存疑惑，不过不要紧，下面老师就做一个小测试，让大家来真实感受一下。

说完后，老师借故让三名学生到办公室去拿东西，然后在黑板上画了三条长短不同的线段，其中 B 略短，但是老师告诉在座的学生，要一致说 C 略短，看那三名同学有何反应。

三名学生返回后，老师立刻请他们帮助查看黑板上哪条线段短。他们异口同声地回答"B"。老师不直接评判，而是表现出一脸的质疑，然后询问班级其他学生，结果大家一致回答"C"。这时，老师再次询问三名学生到底哪条线段略短，他们便对自己之前的判断产生了怀疑，最终丧失判断力，附和大家选择了 C。最后，老师给出正确答案。

师：其实我们的同学也存在这种盲目跟随的情形。看到其他同学都选择 C，这三名同学也改变判断跟着选 C，这就是一种典型的盲目跟随，心理学把这一现象统称为从众现象。从众现象究竟是怎么一回事呢？它对我们的学习、生活有哪些影响呢？这就是本节课所要探讨的内容。

用课件出示课题：拒绝盲从，理性从众。

二、现场调查，细数生活中的从众现象

师：所谓从众现象，是指个体受到群体的影响而怀疑、改变自己的观点、判断和行为等，以和他人保持一致。通俗地说，就是随大流。其实，无论学生还是老师、家长，在他们身上从众现象都是很常见的。下面请同学们思考一下，在学习和生活中，自己有过这种现象或心理吗？它们是在什么情况下出现的？

生：课堂上，老师出了一道数学测试题，我的答案和小明的不一样，其他同学一致同意小明的答案，于是我就将自己的答案改成和小明的一样，结果却错了。

生：日本大地震引发核泄漏之初，人们听信传言跟风抢购碘盐。

生：虽然自己平时不喜欢学习英语，可是早上进教室后发现大家都在读英语，我也会不由自主地跟着读。

生：平时听同学们都在唱周杰伦的歌，课余时间自己也偷偷学习和模仿……

三、分析现象，探寻从众心理产生的根源

师：从众心理已经渗透到我们的生活中，那么我们为什么会产生从众心理呢？

1. 说出你的感觉

师：（采访刚才去办公室拿东西的三名学生）之前你们三人一致选择正确答案 B，为什么最后放弃这一选择而改选错误答案 C？是什么原因促使你们改变的呢？当时的心理是怎样的？

生：开始自己确信答案 B 是正确的，可当看到其他同学一致选择答案 C 时，自己就开始动摇了……

生：看到其他同学的选择和自己的不一致，虽然当时有疑问，也相信自己的选择，但是看到老师表现出的怀疑眼神后，就开始动摇了，因为在知识方面老师一直是权威，觉得老师的判断是不会错的……

生：自己平时缺乏自信，总是奉行少数服从多数的原则。这次看见自己的选择和大家的不一致，不假思索就改变了选择……

2. 探析原因

师：请在座的同学诚实地说，你有过这种现象或心理吗？是在什么情况下产生的？你当时的心理变化又是怎样的呢？

生：平时总是习惯参考他人的意见和行为，认为这样做出的选择才是可靠的……

教师根据学生的回答分析、归纳产生从众现象的原因：①缺乏自信，认为众人提供的信息更为全面、可靠，不自觉地以他人的意见和行为作为参考依据；②懒于动脑，思维不独立，过分依赖别人；③知识较少，智力水平较低，迷信权威；④性格内向、年龄较小的人更易从众。

四、问题思辨，探究从众的利与弊

师：通过学习我们明白了从众是生活中的一种常见现象，通过探讨我们还知道了产生从众心理的原因。哪位同学可以告诉我们，从众心理对我们的学习和生活究竟会产生怎样的影响？

生：凡事从众会让我们失去主见，盲目地迎合别人。

生：盲目从众会让我们丧失应有的评价能力和基本的鉴别能力。例如，学习中一旦发现自己的答案和别人的不一样，往往不假思索，立即修正得和别人的一样。

生：盲目从众甚至会让我们沾染不良恶习。例如，看见同学抽烟的样子很酷，自己也学着抽，这是很不利于我们身心健康的。

生：长久地盲目从众会让我们丢失自信，凡事宁愿相信别人也不相信自己，这将是一件非常可悲和可怕的事。

师：同学们说得太好了，盲目从众确实是可怕的，它不仅会束缚我们的思维，还会让我们逐步迷失自我，甚至染上一些不良恶习。在今后的学习、生活中，我们应该引以为戒。那么，是不是所有的事情都不能从众呢？所有的从众行为对我们都不利吗？

生：其实并非如此，有很多从众行为对我们的成长还是很有益的。例如，早上来到教室，看见同学都在认真学习，于是自己也不自觉地拿起书本，进入学习状态；同学遇到困难时，大家纷纷伸出援助之手……

师：（总结）其实，很多时候从众也有积极的一面，它有助于我们学习他人的智慧、经验，扩大视野，不固执己见、盲目自信，修正思维方式等。

五、拒绝盲从，学会理性从众

1. 欣赏故事，探寻应对方法

师：既然从众具有两面性，那么在现实生活中我们究竟怎样做才能趋利避害呢？请同学们看下面的动画故事，希望能对你有所帮助和启发。

故事大意：18世纪英国著名化学家和物理学家道尔顿，在圣诞前夕给他妈妈买了一双棕灰色的袜子，可是妈妈却问为什么给她买一双樱桃红色的袜子。道尔顿并不认为妈妈是在和他开玩笑，而是对妈妈的话产生了极大的疑问，于是跑去问周围的人，发现除了弟弟的看法与自己相同外，其余的人都和妈妈一样说袜子是樱桃红色的。道尔顿觉得这件小事真不寻常，于是对它的好奇心越来越大。经过认真分析与比较，他发现弟弟和自己的色觉与别人不同，原来他俩都是色盲。道尔顿虽然不是生物学家和医学家，但他却是第一个发现色盲的人，也是第一个被发现的色盲患者。经过综合分析，他写了篇论文《论色盲》，成为世界上第一个提出色盲问题的人。

师：道尔顿既不是生物学家，也不是医学家，为什么能成为世界上第一个发现色盲的人呢？从这个故事中你又领悟到了什么？

生：道尔顿之所以能够成为世界上第一个发现色盲的人，完全是因为他严谨的处世态度。面对周围人的不同见解，他既没有立即否定自己、盲目地从众，也没有固执己见，而是认真、细致地分析和比较，最终取得了惊世的成就。通过这个故事我们明白了一个道理——遇到事情和看待问题时，既要慎重考虑多数人的意见和做法，也要有自己的思考和分析，从而做出正确判断，并以此来决定自己的行动。

2. 实战演练，学会分析利弊

师：现实中凡事都从众或不从众都是要不得的，那么究竟应该怎样做呢？下面请同学们结合在这节课上所学的内容，解决我们在现实生活中遇到的一些问题。

（1）在数学测验中，自己正在为一道数学题苦苦思索时，忽然听见旁边的同学在和后排的同学对答案。仔细观察，发现原来班里有很多同学都在相互传抄答案。这时候我该怎样做呢？

（2）同学们过生日时流行开生日宴会，请大家吃蛋糕。我的生日快到了，可是我家并不富裕，我该怎么办？

（3）小明前几天刚买了新手机，小东最近拿了一个新的iPad，小强昨天理了一个个性化的发型，我是不是也要变一变？

学生自由发表看法和意见，学习分析利弊。比如第一个问题，如果自己从众的话，会给自己带来什么？（考试固然会取得高分，却会失去诚信，不能对自己的学业做出正确评判，不利于今后的学习……）如果抵制它，又会给自己带来什么？（可能不会取得较高的分数，但由此可以发现自己学习中的不足，明确今后的努力方向……）总体来说，从众是弊大于利的，所以我要抵制它，不能盲从……

六、总结

从众是生活中的一种常见现象，也是一把双刃剑，既有积极意义，又有消极影响。在生活中，遇到事情和看待问题时，我们既不能盲目从众，也不能固执己见，而要慎重考虑多数人的意见和做法，学会借鉴他人的好思路和好办法，还要有自己的思考、分析和判断，最终做到取其精华，去其糟粕。

>>> 程显龙·山东省海阳市第一中学

善待……

缘起

本班会缘于一次班级调查,以及班里发生的一些学生互相伤害的不良现象。

调查问题:"路遇老人摔倒,你会怎么做?"

调查结果:

不帮	愿意帮	
	无条件直接帮助	给予其他方式的帮助
3人	18人	11人

从调查结果来看,班里的学生总体善良,有正义感,乐于助人,但自我保护意识和能力不足;个别学生对社会现象认识片面,缺乏理性,易盲从。因此,我希望借助本次班会,增强学生对宽容、诚信、助人为乐等高尚品德的认同感,增强学生的自我保护意识和能力。同时,也希望学生反思自己的日常行为,学会换位思考,从小事做起,肩负起集体责任和社会责任。

准备

本次班会由班委会策划组织。

> 过程

板块一:"扶还是不扶"的话题讨论

班长:老师,今天的班会说什么?

师:说一个动词——善待。

班长:善待什么?

师:你会在"善待"后面加上什么词呢?

班长:善待老人。

师:大家呢?

生:善待亲人、善待朋友、善待小动物、善待老师……

师:看来,我们需要善待的人和事真的非常多。其实,我们又何尝不渴望被善待呢?那么,怎样做才是善待?我们今天一起来探讨这个话题。先看两则新闻故事。

(学生播报)

《现代快报》2009年2月16日报道,南京一位九旬老人瘫倒在解放南路的人行道上,过往路人欲上前搀扶却又"有所顾虑",都小心地"绕个弯儿"走过。20分钟过去了,一位热心市民魏女士喊来七八名路人做"见证"后,才敢打电话报警。

《扬子晚报》2010年7月11日报道,江苏省兴化市一名老人骑三轮车下桥时不慎摔倒,躺倒在地上爬不起来。15分钟之内有不少人经过该处,甚至有路人驻足围观,但始终无人伸手拉老人一把。市民表示,怕被讹诈,不敢帮忙。

师:老人摔倒了,扶还是不扶?不知从何时起,我们开始对这个问题产生了犹豫。班长,你会扶吗?

班长:我想我会扶的,但是,可能也要看当时的具体情况。

师:其实之前我们曾就此问题在班里开展过调查,请你向大家汇报一下调查结果吧。

班长：本次调查全班共有32人参与。遇到老人摔倒时，表示不帮忙、绕路走的同学有3人；愿意提供帮助的有29人，其中选择毫不犹豫立刻上前扶起老人的有18人，选择不直接搀扶、通过其他方式帮助的同学有11人。

师：看来，绝大多数同学都选择伸出援助之手，但也不难看出，大家的想法不尽相同。今天，我们将围绕这个话题讨论：如果遇到类似的事情，我们到底应该怎么做？请大家分组展开讨论，将收集的建议写在卡片上，一会儿交流。

班长：请小组代表上台交流讨论结果。

代表1：因为对方是老人，我们作为中学生应该上前搀扶。但要先询问他的身体状况，如果情况严重，就要及时拨打120求助。

代表2：只有在别人的见证下保证不会被讹诈，才能上前搀扶，还要打110，让警察联系他的家属。

代表3：一定要扶！借众人之力，尽快帮忙。如果老人伤势过重的话，要打120。

代表4：找路人帮忙见证，如果没有路人，自己觉得力不从心，就打电话求助。

代表5：视情况而定。如果是独自一人在路上遇到，在老人无大碍的情况下，可以帮忙扶起，但要有见证人，最好找大人一起帮忙；如果老人的情况严重的话，要报警。如果是和朋友一起的话，会帮忙，若自己能力不足，还是要打电话求助，或者请别人帮忙。

班长：老师，你认为我们的想法如何？

师：同学们的想法都有自己的道理。在这里，我想问大家两个问题。第一，如果摔倒在地的是你的爷爷奶奶，你会希望路人怎么做？

生：当然希望有人能去扶！

师：将心比心，那可能就是我们同龄人的长辈，怎么能假装没看见绕路走呢？我也能理解部分同学的担心——怕惹上麻烦、怕被讹诈。确实，社会上存在一些不诚信的事情，但那毕竟是少数！只因为个别事件，我们就要隐藏自己的善良，不敢做好事了吗？第二个问题：如果你看见一个人落水呼救，而你不会游泳，你会不会什么都不管就跳水救人？

生：不会。我自己的生命同样很重要。可以想其他办法。

师：同样的道理，量力而行，寻找恰当的方法，才能真正帮助别人，这也是保护自己。遇到老人需要帮助时，先观察，多思考，见义"智"为。

班长：谢谢老师。是啊，乐于助人是美德，我们应该敢做好事，但在帮助他人的同时，也要学会保护自己。见义当"智"为。

师：你说得很对。然而，如果在遇到问题时，我们都只为自己考虑，那会怎样呢？

板块二：对看客现象的思考

（播放视频：《看客——跳楼》）

师：江建民跳下来了，亲眼看见一个活生生的人死在自己面前，不知楼下的看客们心里会怎么想，难道是真想他去死吗？肯定不是。面对这个陌生人，看客们为什么要起哄呢？

生：我认为他们是觉得好玩，没有看过跳楼，所以觉得新鲜、刺激。

师：猎奇心理作祟。结果他们的好奇促使江建民跳下来了。

生：有的人是看别人喊，他也跟着喊，其实我觉得他可能没想到江建民会真的跳下来。

师：别人起哄，他们不分青红皂白就跟着做，这是什么表现？盲从！也许那一刻，犹豫不决的江建民正渴望着大家劝慰他、关怀他。可惜，他脆弱的生命没有得到他人的善待！看客们自私、冷漠，开着自认为好玩的玩笑。也许，我们也曾开过类似的玩笑，在无意中伤害过别人。那时，我们可能没想到也许会产生严重的后果。现在，江建民的死真实地告诉我们，悲剧会发生。如果以后再遇到类似的情况，我们应该怎么做？

生：我们不该起哄，应该劝阻他跳楼，劝他珍惜生命。

生：我会劝那些起哄的人，告诉他们起哄可能会带来严重后果，不要再起哄了!

师:其实生活也不总是悲剧,有时,也会出现惊喜。

(播放视频:《看客——捡钱》)

师:分文未丢!这个结局有没有出乎你的意料?我们可能听说过类似的事情,结果却完全相反。那么,视频中为什么没有发生哄抢一空的结局呢?是谁改变了这个结局?

生:我觉得是那个带头站出来维护秩序的人。人们在他的带动下纷纷帮忙,而不是破坏。

班长:如果我们能坚持正义,带头向错误行为说"不",勇敢地承担自己的责任,这也是善待,对吗?

师:当然,希望我们在能力允许的范围内,做正义行为的践行者!其实,全社会都会对有正义感的人、帮助别人的人,给予充分的尊重和欣赏!我提议,让我们为那些好心的路人、正义人士热烈鼓掌……之前,我们是看社会上的故事,讨论陌生人之间的相处。其实,在我们的学习和生活中,也有很多类似的事情发生。善待身边的人,我们做到了吗?班长,下面的时间就交给你了。

板块三:倾听内心独白,书写感恩与歉意

1. 观看小品

(1)《模仿》(学生表演:两个男生嘲笑拄拐走路的同学)

(2)《扔本子》(学生表演:学生发本子时乱扔砸人)

班长:好熟悉的感觉,似曾相识的情景,它们曾经发生在你身上,让你感到过不悦吗?或者,你看到过它们发生吗?又或者,你曾经做过或现在还在做这些事情吗?或许,我们都曾扮演过"被害者""旁观者""伤害者"的角色。此刻,就让我们来听听他们的内心独白。

2. 播放录音剪辑

（1）A：你想对抢你好凳子的同学说些什么？

B：做人不要太自私，你的凳子坏了，可以去修，而不能抢别人的凳子……

（2）小敏，你知道我是谁吗？其实我有很多话想对你说，但当面不好意思，就通过这个方式说啦。虽然我学习成绩不太好，但同学们都很羡慕我，他们总说"有小敏帮你好好哦"。虽然我总说你像我妈一样烦，但还是谢谢你，谢谢你帮我背英语，谢谢你帮我默语文，谢谢你在我遇到不会的问题时耐心教我，总之，谢谢你啦！

（3）我在怀孕的这段日子里，得到了家人、同事、学生的很多很多关心和照顾，学生看见我会说"老师，您慢点儿走"，听着让人觉得很贴心。但也有学生说："哦，老师摔一跤，宝宝就没了。"还有个学生手拿粉笔头说："我把粉笔头砸在老师肚皮上，宝宝就没了。"这些话让我在很长一段时间处于焦虑中，我连续做噩梦，总梦到有学生恶意伤害我的宝宝。这两个男生还比较小，不够懂事，不懂得他们的母亲怀胎十月的辛苦，但是，他们应该懂得开恶意玩笑会给别人带来伤害。这件事情已经过去一段时间，我的心情也慢慢平复了，我渐渐地原谅了你们。但是我希望经过这件事，你们能懂得要善待别人，在别人需要帮助时要伸出你们的援手，在说话、做事之前要考虑一下，让自己显得成熟、稳重一些。

（4）我希望大家不要只为自己着想，去抢别人的好凳子！

（5）我希望班里再也没有人砸汽水瓶，乱扔粉笔头。如果同学的午饭洒了，我希望大家都能够帮助打扫，爱护班级环境！

（6）我希望我们班同学对老师都很有礼貌！

（7）我希望大家都能够理解我，宽容我一些，我想和大家做朋友！

（8）我希望我们班同学不要争吵！

（9）我希望我们班同学诚实做人，好好读书，提高成绩！

（10）我们都希望初二（2）班明天会更好！

班长：善待……多一点儿理解，多一分宽容，多一丝关怀，多一声赞美！善待他人，就是善待自己！此刻，你的脑海里有没有浮现出那么一些人——他曾经帮过你，你还没来得及说声感谢；或者你曾无意或有意伤害过他，还没说声对不起？有话想对他们说吗？让我们写在面前的便笺纸上，用文字表达感谢，用文字表示歉意。写好后，大家可以自己上来，把便笺纸贴在心愿板上。（播放我们班的电子相册《诚睎有爱》，学生写便笺，然后贴在心愿板上）

班长：同学们，让我们用行动诠释善待，做个善良而幸福的人吧！本次班会到此结束，谢谢大家！

反思

本次班会由班长与班主任合作主持。班会的前半部分在设计时由于非常注重理性思考和对学生价值观的引导，因此主要由班主任主持；后半部分侧重班级活动体验与反馈，则交由班长负责。

班会三个板块的设计思路如下。

在"'扶还是不扶'的话题讨论"中，我们集中讨论了"应该怎么做"的问题，不仅注重引导孩子们形成正确的价值观，更注重培养他们的道德践行能力。孩子们可以充分阐述自己的想法，在思维的碰撞中完善自己的认知，探讨处理问题的正确方法。在这个环节，对学生的引导主要从三个方面展开。正所谓"赠人玫瑰，手有余香"，"助人为乐"一直是全社会共同的道德呼唤。在以往的交流中，我曾不止一次感受过孩子们因为受到他人的帮助而心怀温暖。将心比心，当他人需要帮助时，我们不妨伸出援手，不要因为个别讹诈现象而不敢做好事！但是，我们是未成年人，缺乏社会经验，因此不能盲目冲动，要选择恰当的助人方法。必要时，可向成年人或相关专业部门求助，这既能更好地帮助他人，也能很好地保护自己。如果我们在帮助他人时真的遭到了误解，怎么办？诚信做人，才能得到他人的信任。而宽容与谅解，也是我们共同的呼唤！

在"对看客现象的思考"板块中，我向孩子们提出了两个问题："面对这个陌生人，看客们为什么要起哄呢？""分文未丢！这个结局有没有出乎你的意料？"如果说上一环节的讨论侧重于引导孩子们怎样助人，那么这一环节则发挥着警示的作用，提醒他们不该做什么、应该做什么。通过观看视频，让孩子们可以更深刻地体验自私、冷漠给人的心灵带来的伤害，以及给社会道德、社会风气带来的负面冲击。同时，通过强烈的对比，让孩子们再次体会助人的快乐和社会给予助人者的尊重与欣赏。

在"倾听内心独白，书写感恩与歉意"板块中，班会由探讨社会现象转移至探讨班级问题，由善待陌生人转移至善待身边人。这也是本次班会的落脚点，我希望对班级之前发生的不良现象做一个总结。"善待"的核心就是"换位思考"。由于胆怯、不善表达或者没有合适的机会等，很多不被善待的人往往选择沉默，把自己封闭起来，或者有时为了面子，口不对心。所以，我希望孩子们能够听到他们心里的声音。于是，我采用了录音形式，在班会召开前秘密准备。前三段录音，源自前不久班级里发生的真实事情，一段是经常被别人换走好凳子的男生的，一段是一直接受同学在学习上的帮助而取得进步的女孩的，还有一段则是被我们班两个男生无聊的玩笑伤了心的科任老师的。而后面的录音，则是孩子们针对平时见到的班级不良现象，提出自己的希望。录音最大的特点，就是真实。在听完录音后，让孩子们自省，对有恩于自己的人道声感谢，对自己曾经伤害过的人表达歉意，将善待落实在行动中。

孩子们自省时作为背景播放的电子相册是我们班学生参加过的学校、班级组织的若干活动的剪辑，有敬老院服务、校园卫生保洁、爱心义卖、春游拓展训练、校运会等活动，而背景音乐是我们的班歌《和你一样》。这些照片，是我们温暖的回忆，那里有我们学习善待的点点滴滴。

由于时间有限，孩子们的感谢与道歉只留在了心愿板上，没有当堂交流。课后，我仔细读了那些便笺，发现了很多真诚的话语，特别是在抢凳子事件中表现自私的孩子很真挚地向同学道了歉，那两个对怀孕的老师开玩笑的男生也不约而同地对老师表示歉意和感谢。还有许多学生，由于平时和父母关系紧张，对父母不尊重、不礼貌，也表达了自己的悔过之心。这些话语，一定要在班级里展示，让大家感受他们当时的那份温暖，并争取将这份温暖延续下去……

这节班会课从想法开始，用行动延续。我从未奢望过凭此就可以改变学生，因为德育不是一蹴而就的短时行为，它的效果需要在以后的相关活动中加强。但我们可以撒下一颗善良的种子，播下一片未来的希望！

>>> 戴倩·江苏省南京市第三中学

图书在版编目（CIP）数据

更好的班会课 / 赵福江主编. -- 上海：上海教育出版社，2021.7（2024.1重印）
  ISBN 978-7-5720-0974-7

Ⅰ.①更… Ⅱ.①赵… Ⅲ.①班会—中小学—教学参考资料 Ⅳ.① G635.5

中国版本图书馆 CIP 数据核字（2021）第 135965 号

策　　划　源创图书
责任编辑　董　洪
特约编辑　杨　霞　张万珠
责任印制　梁燕青
装帧设计　许　扬

Geng Hao De Banhui Ke
更好的班会课
赵福江　主编

出版发行	上海教育出版社有限公司
官　　网	www.seph.com.cn
地　　址	上海市闵行区号景路159弄C座
邮　　编	201101
印　　刷	北京华宇信诺印刷有限公司
开　　本	710×1000　1/16　印张 13.5　插页 1
字　　数	200千字
版　　次	2021年9月第1版
印　　次	2024年1月第3次印刷
印　　数	9,001—12,000 本
书　　号	ISBN 978-7-5720-0974-7/G·0770
定　　价	58.00元

如发现质量问题，请向本社调换　电话 021-64373213